RACES INDIGÈNES

DE

L'ALGÉRIE

ARABES, KABYLES, MAURES

ET

JUIFS

PAR

A. POMEL

MEMBRE DE DIVERSES SOCIÉTÉS SAVANTES

ORAN

TYPOGRAPHIE ET LITHOGRAPHIE VEUVE DAGORN

Rue Trobriand, 28

1871

DES RACES INDIGÈNES DE L'ALGÉRIE

ET

DU ROLE QUE LEUR RÉSERVENT LEURS APTITUDES

PAR A. POMEL

ORAN
TYPOGRAPHIE ET LITHOGRAPHIE VEUVE DAGORN
28, RUE TROBRIAND, 28

1871

DES RACES INDIGÈNES DE L'ALGÉRIE ET DU RÔLE QUE LEUR RÉSERVENT LEURS APTITUDES

1° Du Peuple arabe

Un Français de la mère-patrie, occupé à des travaux scientifiques sur l'Algérie et la connaissant un peu, lorsque je lui exposais la situation désastreuse que l'administration militaire avait faite aux Arabes pendant le typhus et la famine, me répondit que j'avais tort de récriminer et que cette politique lui paraissait la chose la plus heureuse qui pût se produire pour notre patrie d'adoption. Le problème arabe, maladie de la colonisation, devait sous ce régime aller se simplifiant successivement comme par une sorte d'élimination naturelle de l'élément qui le constituait.

Je ne ferai pas l'injure aux partisans du régime militare de leur attribuer de pareilles intentions, ni à mon interlocuteur celle de professer des doctrines assez malthusiennes pour approuver cette singulière solution. C'était sans doute pour lui une façon humouristique de constater un résultat inconscient ; mais il faut bien reconnaître qu'il disait vrai. Peut-être est-ce à cet affaiblissement déjà produit qu'il convient d'attribuer la tranquillité actuelle relative des populations arabes, au même temps où les populations berbères, qui ont plus facilement échappé à cette action, se mettent en insurrection à peu près générale et se rendent coupables des actes atroces de barbarie que tout le monde connait.

Les colons, en grande majorité démocrates, ne peuvent être arabophobes, mais ne désirent pas non plus être arabophiles à la manière dont le Kanak calédonien est philanthrope. Ils ont pu un moment espérer que l'action dissolvante et irritante du régime turc, perpétué sur les races indigènes, dût enfin cesser par suite de la substitution naturelle d'une administration de droit légal à celle trop autoritaire du régime militaire. Il faut hélas ! reconnaître que, comme pour beaucoup d'autres conquêtes utiles et nécessaires, nous serons encore condamnés à lutter pour arriver à la réalisation de cet idéal, que nos institutions nouvelles nous donneraient cependant le droit d'exiger à courte échéance.

Il ne faut cependant pas se faire illusion à cet égard : cette réforme ne suffira pas pour arrêter l'appauvrissement de la race arabe, dont les causes sont multiples. Indépendamment de celles résultant du système d'administration, il y en a de très puissantes dans les habitudes, les croyances, les mœurs, en un mot dans ce que l'on pourrait appeler l'idiosyncrasie atavique de cette race, qui n'a que des facultés très restreintes d'adaptation aux conditions variables de l'existence.

Le type indigène, objet de cette étude, est le véritable arabe, descendant des bédouins de l'Hedjaz, l'habitant de la tente, le nomade des grandes plaines, le dernier conquérant du nord de l'Afrique. On a généralement confondu sous cette désignation d'*Arabes* des races qui n'ont de commun avec lui que la religion de Mahomet. Il est essentiellement distinct du Kabyle ou Berbère, véritable autochtone, qu'il a refoulé dans les montagnes, et du maure, mélange d'hybrides, auquel il abandonne dédaigneusement les villes; quant à son frère le juif, il lui a voué un trop profond mépris pour le laisser vivre comme égal dans sa société.

Le mahométisme semble plus spécialement convenir aux sociétés dont l'évolution sociale s'est arrêtée dans la phase du patriarchat barbare. La société arabe est le type le mieux caractérisé de cette constitution politique, qui semble s'être incarnée à perpétuité dans sa race.

La famille tout entière soumise despotiquement au plus ancien des ascendants, seul propriétaire et administrateur jaloux de ses biens; une richesse consistant presque essentiellement en ce que nous appelons bêtes de rente; pas de biens-fonds, mais une terre dont on n'est qu'usufruitier par ce qu'elle appartient à Dieu; une culture pastorale avec réduction du matériel mobilier au plus strict nécessaire, aux engins les plus rudimentaires et les moins encombrants; un statut théocratique dont l'absolutisme est le pivot et le fatalisme le critérium; une société composée de trois classes : le prêtre sordide, hypocrite et fainéant, marabout par succession, influent surtout en raison de son ignorance fanatique : le noble, grand seigneur pouilleux, pour lequel le travail productif est avilissant au contraire du travail stérile ou destructif qui est honorifique ; le serf qui doit nourrir ces deux maîtres, mais qui est presque libre de mourir de faim avec le 1/5 de ce que produit son travail ; pour lien de famille, le ménage polygame où la femme est à peu près acquise à prix d'argent et n'est, à vrai dire, qu'un être productif de jouissances et de travail, mère à 12 ans au plus, vieille à 30 et alors bête de somme jusqu'à la fin de ses jours.

Voilà, en substance, la société arabe comme elle était jadis et comme nous la trouvons encore dans les grandes plaines de l'Algérie. Condamnée à l'immobilisme, elle reste incapable de culture intellectuelle ; et que l'on ne croie pas que ce soit un fait de dégénérescence, c'est un vice constitutionnel. Cette merveilleuse civilisation arabe dont on fait gratuitement le mérite à cette race, n'est point de son fait. Le bédouin a conquis et musulmanisé par le cimeterre ; puis la lutte intellectuelle l'a trouvé effacé, rentré sur lui-même, et c'est aux races qui avaient subi ses dogmes et accepté sa langue que l'on doit attribuer l'ère de lumières qui a fait faussement sa gloire.

Un nombre variable de tentes dressées en cercle avec les intervalles bourrés de broussailles épineuses pour enclore les bestiaux la nuit, constitue le douar, qui est le groupe élémentaire de cette société et comprend ordinairement des familles rattachées ensemble par un lien de parenté. Le campement est souvent déplacé pour des causes multiples, mais ordinairement pour fuir les tortures des parasites qui y ont pullulé ; on s'éloigne autant qu'on le peut des passages fréquentés et on se dissimule soigneusement pour échapper aux charges de l'hospitalité. La tente est l'habitation commune de toute la famille; elle est à peine quelquefois divisée par un lambeau de tapis qui simule une cloison. C'est une pièce plus ou moins grande d'étoffe tissée de laine et de bourre de palmier, tendue sur quelques bâtons dressés et qui se clot par des bords retombant en laissant un intervalle que remplit ordinairement la broussaille.

La tente est interdite à tout homme qui n'est pas de la famille; l'auteur d'un meurtre qui peut prouver que la victime vient de pénétrer dans son foyer, croit consciencieusement que l'impunité lui est acquise. Les exemples de susceptibilité jalouse portée à cet extrême sont assez rares; car des matrones effrontées se chargent de préparer sans danger, souvent même sous cette tente, des liaisons adultérines nocturnes. Il est naturel que dans une société qui refuse à la femme ce qui distingue l'homme de la bête, la conscience au moins, de pareils désordres se produisent habituellement, surtout lorsqu'on songe que l'avarice des parents la jette souvent enfant dans la couche d'un vieillard. Cette dissolution de mœurs a propagé trop facilement le virus syphilitique aujourd'hui presque constitutionnel dans la majorité de la population : rien du reste pour combattre son développement, pas d'hygiène, pas de médication; cela seul suffirait pour amener fatalement le dépérissement de la race.

Le costume de l'Arabe est celui d'Abraham ; ses vêtements de laine rarement lavés répandent autour d'eux un parfum de suin échauffé qui soulève le cœur aux Européens. Sous cette atmosphère de fétidité le rituel oblige à des ablutions méthodiques de certaines parties du corps, qui ne le soustraient pas à cette cause permanente d'infection ; beaucoup, du reste, satisfont à cette prescription religieuse par un simple simulacre. Il est habituel que l'on porte tous ses vêtements sur soi; cela procure l'avantage de ne point éprouver le besoin d'en changer. Qui n'a pas vu nos Telliens portant gandoura en cotonade, endosser la neuve par dessus la vieille à demi pourrie qu'ils ne se donnent pas la peine de dépouiller, attendant qu'elle les abandonne à l'état de loques successives? Quant aux enfants, ils n'ont pour la plupart que des soupçons de vêtements, souvent constitués par ces loques; il n'est pas rare d'en observer de totalement nus exposés aux plus fortes ardeurs du soleil, lorsque l'on arrive inopinément sur un douar. On couche sur le sol dans ses vêtements, secs ou mouillés, quelquefois sur un tapis, souvent sur une simple natte en palmier ou en sparterie, souvent aussi sur la terre nue; les plus aisés ont des sacs en cuir bourrés de quelques objets précieux et servant de traversin. Quant aux maladies contractées par ce régime, un verset du Coran, écrit sur parchemin par un savant marabout qui l'a vendu très cher, voilà le seul remède orthodoxe pour les guérir : et l'on s'étonnera qu'un pareil peuple dépérisse!

Ce n'est pas aux difas qu'il faut aller chercher des renseignements sur l'alimentation habituelle de l'Arabe. En effet, à côté des exemples de gloutonnerie pantagruélique, qui dénotent cependant que l'estomac s'est assez souvent distendu sous l'effet de copieuses ingestions, il faut voir la convoitise d'une foule de pauvres diables, qui disputent aux chiens les plus vils débris et jusqu'aux os même, qu'ils n'ont pas besoin de débarrasser de leur incrustation minérale pour essayer d'en assimiler l'osséine préconisée par nos chimistes académiciens. La misère est donc presque à l'état permanent sur une partie au moins de la classe inférieure ; aussi, pour suppléer à cette insuffisance d'alimentation, la voit-on souvent recourir au jardin potager de la nature, qui, lui aussi, est parfois trop maigrement pourvu. Cependant on peut dire que si le Kramès, qui travaille, vit de privations, l'Arabe de tente qui ne fait rien se nourrit quelquefois frugalement, mais que le marabout mange et peut même s'engraisser pour ne pas faire mentir le proverbe.

La base de l'alimentation dans les régions sahariennes est le lait sous ses divers états, mais plus particulièrement sous celui de lait aigre plus ou moins caillé et débarrassé de son beurre ; on y mêle des dattes et plus rarement des céréales. L'Arabe Tellien, bien moins riche en troupeaux, voit souvent cette ressource lui faire défaut. L'orge le plus ordinairement, le blé dur chez les plus aisés, écrasés dans le moulin à bras et peu ou point bluttés, sont préparés en galette compacte, mal levée, mal cuite, ou même simplement en une sorte de bouillie crue ou de boulettes légèrement humectées, que de fortes épices seules sont capables de faire digérer. Souvent même la nourriture du kramès et des serviteurs consiste en totalité, dans une pâtée de gros son, résidu du bluttage qui a préparé l'aliment de luxe du maître. L'eau est prise à la mare la plus voisine, souvent sale ou infecte ; il est vrai qu'elle a été aromatisée par le goudron qui enduit les outres et qu'elle est sous cet état moins pernicieuse On n'a pas besoin de demander quel travail peut fournir une pareille alimentation prise avec parcimonie : on s'explique aisément la paresse et l'inactivité contemplative d'un peuple qui s'y trouve soumis.

Aussi le Saharien, le Bédouin des steppes et du

désert, ne se livre-t-il à aucune espèce de culture ; il vagabonde avec le troupeau quelquefois par caprice, ordinairement pour chercher les meilleurs pâturages ; et quels pâturagas que ceux du désert! Il ne subordonne ses pérégrinations qu'à ses besoins d'échanges et à la nécessité de déposer en lieu gardé le produit de ces échanges, dattes avec les Oasiens, céréales avec les Telliens. Ses troupeaux consistent en chameaux et moutons, qui, nourris de plantes pour la plupart gorgées de sucs salins, peuvent supporter de longues abstinences d'eau, de longs voyages, et sont comme prédestinées à l'exploitation de ces régions desséchées, où il n'y a d'autres produits à espérer que la laine et la viande.

On peut dire que là est le véritable élément de l'Arabe ; il y est comme dans sa Péninsule, c'est l'image de sa patrie d'origine, avec ses horizons lointains, ses perspectives infinies, sans restriction de propriétés à respecter, sans autre obstacle de circulation que ceux que la nature y a disséminés ou qu'y font naître un premier occupant ou un plus fort concurrent. C'est là qu'il est en possession de l'alimentation la moins précaire, je n'oserais dire la plus assurée, car il est avare de son trésor et ne se résout qu'aux dernières extrémités à entamer son capital. Cependant, que l'on ne croie pas que le désert et la steppe ne fournissent, malgré leur stérilité, des ressources imprévues pour les temps malheureux. Sans compter la chasse qui produit un gibier peu varié, mais relativement abondant, le règne végétal fournit diverses substances alimentaires auxquelles s'habituent les palais sahariens : le lichen comestible, véritable manne du désert que le vent se charge de rouler et d'entasser dans les trous du sol, le terfas ou truffe blanche, le

Cynomorium, des Orobanches, le millet du Drinn. etc., la sauterelle enfin, qui est une autre manne appétée par les fils d'Abraham et d'Agar et qui devrait trouver assez d'Ismaélites gourmands de sa chair, pour qu'aucun essaim ne pût franchir le désert et venir ravager les cultures du Tell.

On se tromperait fort cependant si l'on concluait de ce qui vient d'être dit que l'Arabe est plus que tout autre apte à l'exploitation des maigres richesses sahariennes. La routine ne lui permet pas de paître ses troupeaux autrement que l'a fait son aïeul et de leur donner d'autres soins que ceux que lui a montrés son père. Il n'a probablement jamais eu l'idée qu'il pourrait en améliorer les races. Sous son influence la sélection naturelle par la lutte pour l'existence, comme l'on dit aujourd'hui, a bien pu leur conserver une rusticité qui fait tout leur mérite et leur caractère essentiel ; mais elle ne paraît avoir développé aucune de ces qualités de viande et de laine qui indubitablement y sommeillent en germes. D'ailleurs le fatalisme s'opposerait à de tels efforts s'ils étaient conscients. Telle chose est parce qu'elle est, et ne doit pas être autrement. Si le pasteur paresseux a laissé surprendre dans les montagnes ses moutons que la froid et la faim ont tués dans la neige, si, attardé sur des pâturages desséchés et surpris par le siroco, il est sorti seul de cette fournaise, c'est que c'était dans la destinée et point dans son imprévoyance : Dieu est grand, Mahomet est son prophète ! et il s'en console. Il ne faut voir dans cette adaptation plus particulière de la race arabe au désert qu'un seul fait : c'est la seule dont le travail soit assez fatalement improductif pour y trouver en l'état sa rémunération suffisante : mais c'est une exploitation essentiellement barbare, dont heureusement l'Européen n'aura de longtemps besoin de débarrasser le pays.

Dans le Tell, les conditions d'existence sont assez différentes pour l'Arabe et, au lieu de pivoter uniquement sur la dépaissance, elles doivent aussi s'appuyer sur des cultures agricoles. Cette région, en effet, avec ses nombreux accidents de montagnes et de vallées, plus ou moins envahies par les forêts et la broussaille, n'est plus aussi propice au parcours des chameaux et des moutons, plus assez commode pour les déplacements incessants, afin de racheter la maigreur du pâturage par son immensité. En outre, le pays est plus occupé, plus habité, la surface, déjà peu appropriée aux habitudes, se trouve plus limitée pour chaque famille, et le Français ne permet plus la conquête des richesses convoitées par l'expulsion de l'occupant à main armée, ce qui est le comble de l'aberration pour un peuple auquel nous avons fait stupidement l'honneur de supposer des idées conformes aux nôtres sur la propriété.

L'Arabe en s'installant sur le Tell n'a donc pu le faire qu'en modifiant beaucoup ses habitudes. La chèvre, inférieure à la brebis en ce qu'elle ne donne point de laine, y est presque aussi fréquente qu'elle et sa race est des plus abâtardies. Le chameau, ne trouvant qu'en quelques lieux exceptionnels ses indispensables pâturages salins, devient rare et ne se trouve même que chez les tribus récemment émigrées des steppes et du Sahara et qui n'en ont point encore perdu l'habitude. C'est la race bovine qui le remplace aux deux points de vue, quelques fois du lait dont elle est avare, et de bête de somme, auquel rôle elle est si mal adaptée ; mais cette coutume exceptionnelle est une imitation des races subéthiopiennes et indique peut-être une immixtion de ce sang chez les tribus qui l'ont adoptée. C'est ordinairement le mulet et la jument qui sont employés à cet usage, ainsi que le cheval usé ou de sang dégénéré. Remarquons encore que le Tellien seul possède des volailles. A l'exception du cheval et du mulet, que l'on nourrit plus ou moins d'orge ou de paille, tous les autres animaux doivent trouver toute leur nourriture dans les parcours ; inutile de dire aux Algériens que les vrais pâturages sont un mythe et que c'est le plus souvent le maquis que l'on décore de ce nom.

Mais le maquis a une tendance à tout envahir, et sous la dent funeste des chèvres il buissonne de plus en plus, étouffant les plantes herbacées et finit à la longue par devenir impénétrable. Le pasteur est fatalement condamné à la pratique funeste des incendies périodiques, allumés pendant la saison la plus sèche et abandonnés au caprice des vents de manière à étendre leurs ravages à des distances considérables. Le pis est qu'il reste inconscient des désastres qu'il a produits. Le sol dénudé et effrité rend de suite à l'atmosphère le peu d'eau de pluie qui l'a humecté, tandis que la presque totalité de cette eau pluviale coulant immédiatement aux rivières, se trouve perdue pour entretenir une hygrométricité convenable de l'air. Est-il possible d'avoir des forêts et des sources et à fortiori des eaux courantes estivales sous un pareil régime, qui tend successivement à instaurer dans le Tell un climat saharien, surtout caractérisé dans notre province de l'Ouest où l'élément Arabe est si prédominant ?

Ainsi resserré dans ses parcours, le pasteur tellien en gaspille les ressources pendant l'été : à l'automne tout est consommé ou détruit ; si les pluies tardent à venir activer la germination, que l'hiver débute par être froid et neigeux, la mortalité par famine devient effrayante sur les troupeaux qui jonchent le sol de leurs cadavres, au point d'empester l'atmosphère ; car alors les animaux voraces sont impuissants à les consommer. Est-ce paresse, ineptie ou fatalisme, ou toutes ces causes ensemble qui ont été l'obstacle insurmontable ? Mais il n'a jamais été possible, au lendemain même de désastres, de lui faire comprendre qu'il devait construire des abris, recueillir des approvisionnements, pour les éviter à l'avenir.

C'est surtout dans les grandes plaines du Tell, où se développent et s'étendent les surfaces cultivées, que l'on peut apprécier les conséquences désastreuses de l'incurie de ces hommes. A la moisson, les épis sont coupés presque au sommet du chaume, parceque s'incliner fatiguerait le corps; ce chaume, riche nourriture, reste debout, se gaspille sous le pied des troupeaux qui le paîssent, lorsqu'il n'est pas dévoré par l'incendie. A cette époque il y a abondance ; cependant la chaleur commence à être élevée, toute l'herbe est sèche, etil n'y a point ou presque point de ces salsolacées succulentes du désert, et l'animal commence à se mal nourrir parce qu'il devient urgent de l'abreuvor, lorsqu'il ne peut le faire lui-même, ce qui est l'exception. Mais l'eau est profonde, on est mal outillé pour la tirer des puits qui se comblent à défaut de margelle. Cependant le Beylik avait fait creuser des puits plus commodes, installé des appareils à puiser uniquement à l'usage des indigènes ; mais tout a été détruit en haine du Roumi sans doute principalement, mais un peu en conséquence de la coutume de détruire les puits pour altérer son ennemi en se condamnant soi-même à la même souffrance. Entre temps, comme Dieu est grand et que Mahomet est toujours son prophète, l'ordre des phénomènes de la nature n'est point troublé ; les troupeaux dérisoirement abreuvés, lorsqu'ils le sont, dépérissent et sont tellement affaiblis lorsque le sol s'est définitivement dénudé un peu avant la repousse de l'herbe, qu'il leur est impossible de traverser cette période critique. On voit alors des cadavres ambulants affluer, quand ils le peuvent, sur nos marchés, et ceux de ces malheureux animaux qui n'ont pas éprouvé des désordres irrémédiables, revenir à la vie en quelques jours avec le seul régime de l'abreuvoir et de la paille. Je conseille aux Darwinistes de venir étudier ici les tristes résultats de la *sélection naturelle par la lutte pour l'existence*: ils ne pourraient mieux trouver nulle part ailleurs.

Examinons maintenant l'Arabe Tellien dans ses coutumes agricoles. Des clairières de toutes figure et dimension sont éparses sur les surfaces envahies par les maquis et les palmiers ; elles ont été plus ou moins fertilisées par le parcage des hommes et des bêtes : elles seront cette année-là livrées à la culture, ainsi que celles sur lesquelles on pourra diriger les eaux vagues chargées de détritus pendant les pluies et celles aussi que des dérivations de cours d'eau permettront d'irriguer. Bien des surfaces cultivées l'année précédente restent en jachère et serviront à la dépaissance. Si quelques broussailles de lentisques, jujubiers, gênent pour la distribution des sillons ou autre cause, on les rabat soit avec une pioche d'enfant, soit plus habituellement par l'incendie. Mais la souche reste intacte parce qu'elle ne poussera ses rejets que lorsque la récolte sera faite. L'Arabe est incapable de tout autre défrichement sérieux et tous ses efforts ne tendent qu'à préparer l'envahissement successif de la broussaille et du palmier.

Sa charrue est un simple tronc taillé et grossièrement équarri, avec la pioche ci-dessus ; elle est armée d'un morceau de fer plat et horizontal en avant, emmanchée en arrière à une flèche grossière et pourvue d'un mancheron impossible. Deux bêtes quelconques, accouplées sous toute combinaison possible, bœuf, vache, cheval, poulain, mulet, âne, etc., y sont attelées par des liens en alfa ou palmier, ou bien une corde de poil de chameau, s'appuyant sur des bourrelets insuffisants de vieilles loques fixées sur le garot ou à l'encolure. Tout est primitif dans cet outillage, jusqu'au laboureur qui est obligé de peser de tout son poids et de mettre le pied sur la charrue pour lui faire prendre sillon. Il est étonnant qu'avec un pareil engin on puisse même arriver à racler 4 ou 5 centimètres d'épaisseur d'un sol mouillé à la surface, mais qui reste indéfiniment compact au dessous. La semence est à peine couverte et tout est fini jusqu'à la moisson. C'est tellement incroyable, que nous sommes assuré que tout lecteur non Algérien nous taxera d'exagération monstrueuse, sinon de mensonge : et cependant nous l'affirmons : si le tableau n'est point flatté, ce n'est point notre faute, il est fidèle et nous défions quiconque d'en adoucir les tons obscurs.

Si la pluie est fréquente et bien répartie, la récolte, malgré tout, pourra être relativement abondante. Malheureusement, ces bonnes années sont une exception et cela se comprend dans un climat où les chutes annuelles totales de 30 à 35 centimètres de pluie ne sont malheureusement que trop fréquentes et dans un pays où le sol n'a point été préparé pour recevoir et emmagasiner la totalité de cette faible dose d'élément fertilisant. Avec une récolte médiocre ou mauvaise on peut juger de la misère du Kramès, seul chargé d'ensemencer, de moissonner, de dépiquer et d'ensiloter en prélevant le cinquième pour tout salaire; vivant sur des avances et malgré qu'il se hâte de consommer en vert les premiers grains, il a déjà en temps moyen usé sa part au moment de la récolte, et se trouve condamné à recommencer, sous les mêmes conditions, son servage de l'année suivante. Si le maître épuisé lui-même par deux ou trois années de stérilité ou d'épizooties, concomitantes de réquisitions irréfléchies, ne veut ou ne peut courir de nouvelles chances qu'il redoute mauvaises, l'on voit se produire l'une de ces famines périodiques, avec leur cortège hideux de cannibalisme et de typhus, comme celle que l'administration de l'Empire a la honte et devrait avoir le remords de n'avoir su ni prévoir ni éviter.

Beaucoup d'orge, un peu de blé dur, très peu de fèves, voilà les seules cultures d'hiver. Le peu de paille qu'a produit le dépiquage est réservé pour les chevaux et mulets, mais constitue une provision à peine suffisante pour la saison des travaux. Pour culture d'été dans les champs irrigables, on trouve le maïs, le sorgho; mais lorsque, pour régulariser l'usage des irrigations, l'administration a dû faire quelques travaux d'emménagement, les frais en ont paru toujours supérieurs aux bénéfices à en retirer par cette catégorie d'usagers, qui ne sait qu'abuser pour produire des melons, pastèques, concombres, citrouilles, presque toujours consommés en vert. Ce que l'Arabe appelle pompeusement un jardin, c'est un groupe de figuiers ou plus habituellement de cactus qui fournissent pour un temps trop court un appoint important à son alimentation.

Donc, point de doute; l'Arabe est le plus incapable des agriculteurs : il n'est bon qu'à gaspiller et détruire les richesses naturelles de ce Tell, la terre par excellence, sur laquelle il trouve difficilement à vivre ; et on peut dire du reste que c'est un résultat inséparable du régime de barbarie patriarcale dans lequel il se complaît. Qui ignore la fécondité proverbiale de l'Afrique du Nord avant qu'il en fît la conquête? c'était un des greniers de l'empire romain. Qu'avons-nous retrouvé, quand nos soldats sont venus châtier les pirates? le maquis et le palmier envahisseurs et toute la terre à reconquérir par le défrichement ; et s'il existe actuellement de vrais champs de culture, c'est au colon européen que le doit l'Algérie. L'oppression turque a sans doute contribué à accélérer cet appauvrissement, on pourrait dire cette stérilisation de l'Algérie : mais la cause principale et dominante est certainement l'inaptitude de la race à s'approprier les ressources du régime agricole et à vivre en dehors des conditions exclusives du pastorat. C'est un vice inhérent à son organisation sociale, à ses mœurs, à ses croyances, à l'arrêt de développement de son intellect, vice qu'il tient de ses pères et qu'il transmettra fatalement à ses descendants pour des générations nombreuses encore.

On a publié et pensé que le contact plus habituel avec l'Européen suffirait pour transformer en peu de temps les habitudes et les besoins de l'Indigène de manière à produire bientôt la réalisation de ce beau rêve de l'assimilation et de la pacification définitive. Il serait possible que ce ne soit pas une espérance vaine en ce qui concerne le

Maure et plus spécialement le Kabyle, quoique les événements actuels ne plaident guère en faveur de cette hypothèse ; mais certainement en ce qui concerne l'Arabe, le seul dont j'ai à m'occuper ici, c'est une utopie. Qui ne voit que ces gens-là sont à nos antipodes politiques et sociaux et que leur antagonisme est un fait de dogme qui rend ces fanatiques irréductibles à notre civilisation ? Je ne sais si l'on trouverait à notre époque, en dehors des Calchas de haut et bas étage, un parti politique, assez dédaigneux de l'exécration publique pour oser infliger à un peuple conquis un dogme différent du sien ; mais si je voulais en discuter l'hypothèse, il me serait facile de démontrer, au moyen des enseignements de l'histoire, que le succès d'une pareille énormité ne suffirait point encore pour nous assimiler la génération prochaine.

Il nous est possible dès maintenant d'apprécier et de prévoir les résultats réels du contact et de la fréquentation des indigènes avec les colons européens ; car sur des points restreints il est vrai, elle n'a depuis assez longtemps rencontré aucun obstacle. Sauf quelques honorables exceptions, comme celle des Tadjini, dues à un antagonisme politique qui obéit à la loi des contrastes et ne se produit que chez quelques sectes à influence trop restreinte, le Marabout de haut rang a partout conservé sa haine et son mépris pour le chrétien en général et son conquérant plus en particulier ; et il l'inculque sans cesse dans l'esprit des néophytes des Zaouïas, écoles non surveillées de rébellion et de fanatisme. Le petit marabout, brute et illétré le plus souvent, malgré et peut-être à cause de son privilége de naissance, s'insinue dans nos fermes, toujours mendiant, familièrement indiscret, volant ce qu'il peut, buvant notre café, réprimandant à part ses contribules, que la misère a jetés à notre service, sur toutes les infractions au rituel musulman, leur participation à nos repas dont les aliments sont impurs ; faisant tout pour les ramener à la tribu, et, quoiqu'il en soit, toujours le mieux renseigné sur les propriétés qu'il s'agira de piller et ruiner à la première insurrection.

L'Arabe de grande tente ou kébir, s'il est grand seigneur, dédaigne de se commettre et se drape dans sa dignité, n'ayant que du dédain pour l'homme qui travaille, et il persiste à ne pas comprendre qu'il puisse se remuer autrement que sur son cheval, même pour les déplacements les plus insignifiants. Celui de rang inférieur est par nécessité moins inactif ; il vient plus fréquemment à nos fermes, ne serait-ce souvent que pour abreuver son cheval à l'eau toute tirée de nos puits ; le confort de la ferme ne le tente guère, car l'idéal en ce genre c'est toujours pour lui la tente ; mais il voit d'un œil d'envie la beauté, la régularité de venue de nos récoltes, la vigueur et la santé de nos troupeaux, et il ne s'enquiert point des procédés qui ont produit ces résultats, de la possibilité pour lui d'en obtenir de semblables ; le plus souvent il calcule, au contraire, par quelle ruse et coup de main il pourrait impunément s'approprier ce qu'il se reconnaît impuissant à produire. Il compte sur Mouley-Saa, le maître de l'*heure* et interrompt parfois une conversation sur des banalités pour demander sans vergogne : « mais est-ce que les Français ne s'en iront pas bientôt du pays des Musulmans ? » Il est logique, car s'il avait conquis un pays et qu'il voulut le conserver, il emploierait de tout autres moyens que nous pour assurer sa conquête ; donc nous ne devons que passer sur le sol algérien et soyez certains que, si son rêve se réalise, il saura bien vite effacer les dernières traces de ce passage et que la barbarie aura bien vite par des ruines reconquis son domaine.

Quant au *Mesquine*, *Kramès*, ou serviteur quelconque, s'il est moins réfractaire à nos procédés agricoles, s'il est apte à rendre quelques services aux colons qui le dirigent et à faire autre chose qu'un gardien de troupeaux, si, malgré l'inquisition du Marabout, il se résigne à notre alimentation non orthodoxe, ce n'est point par sympathie qu'il y vient, c'est par nécessité impérieuse. Dès qu'il le peut, il rentre au bercail de ses contribules pour revenir aux errements de la race, comme s'il n'avait jamais rien appris au contact du chrétien ; et nous savons, par des exemples fréquents, récents et anciens, que ce sont ces indigènes les plus familiers, les plus comblés de bienfaits, qui deviennent les plus féroces et se livrent sur leurs bienfaiteurs à toutes les atrocités de l'assassinat avec souillure et mutilation. Ce qui constate encore mieux la répugnance de tout Arabe, du serf même, à se plier à nos procédés de culture, c'est l'insuccès de toutes les tentatives de l'administration militaire pour améliorer le matériel agricole des tribus ; charrues simplifiées, jougs et colliers d'attelage, faux à fourrage, etc., achetés par ordre ou reçus en don gracieux, tout a été bien vite abandonné ou détruit à cause même peut-être de son origine ; même réussite pour les maisons, abris des troupeaux, plantations de vignes et arbres fruitiers, semences de légumes, etc. Je ne vois que les ciseaux à tondre qui aient réussi à supplanter pour cette opération la barbare faucille à moissonner, qui enlevait des lambeaux entiers de la peau des bêtes martyrisées.

Du reste l'aptitude de cet élément de la population Arabe à se plier plus aisément que ses maîtres aux nécessités impérieuses de la vie, conséquence probable de sa condition de travailleur, viendrait encore à l'appui de la thèse que je soutiens dans cette étude : ce serait un élément de plus de dépérissement et de ruine pour la société arabe fâcheusement installée dans la région tellienne. En effet, sans rechercher ici si cette aptitude ne tiendrait pas un peu au mélange de sang étranger, qui seul peut expliquer l'asservissement social de toute une classe de contribules, acceptons la comme démontrée à un degré quelconque. Supposons que cette classe de déshérités, espérant une situation meilleure, émigre en masse des tribus pour se mêler aux européens, qui auraient assez de tendances à les agréer ; et c'en est fait de la tribu. Le prolétaire assurément n'emporterait presque rien avec lui, sa famille et sa personne ; mais la tribu aurait perdu son seul élément de production, et le Kébir et le Marabout se trouveraient aux prises, à leur tour, avec toutes les difficultés de l'existence. On a pu avoir dans la dernière famine des preuves nombres que cette *noble* race sait mourir stoïquement de misère, parce que pour elle c'est un dénouement fatal ; mais ce qui est plus triste, c'est qu'elle préfère encore ce sort à la nécessité d'un travail quelconque pour prolonger et sauver son existence. Mais qu'on se rassure, les attraits du régime civilisé sur ces barbares ne sont pas prêts de produire des effets aussi désastreux : le Kramès est bien rivé à sa chaine de servitude, et pour longtemps.

Dans le but de pallier un peu les conséquences funestes du sénatus-consulte, préparé par la satraperie militaire pour dépouiller le domaine de l'Etat de ses plus précieuses ressources en faveur de populations indigènes qui n'y avaient aucun droit, on avait promis hypocritement de réserver une dotation de 900,000 hectares pour la colonisation, et arrêté, par un article même du sénatus-consulte, l'établissement de la propriété individuelle. Mais les terres se sont évanouies au point qu'il n'en reste plus assez pour satisfaire aux dispositions de la loi récente, qui attribue 100,000 *hectares des meilleures terres* aux immigrants Alsaciens et Lorrains. Pourquoi n'a-t-on appliqué du S.-C. que les prescriptions destinées à enrayer la colonisation et à renforcer par l'indivision le régime féodal indigène? Est-ce qu'on avait cru reconnaître un danger dans l'établissement de la propriété individuelle équitablement répartie, pour en ajourner indéfiniment l'application? Etait-ce simplement à cause de cette anomalie d'une institution démocratique dans une société basée sur la féodalité patriarcale que l'on désirait protéger, ou bien plutôt parce que l'on craignait que le prolétaire indigène, forcément appelé au partage, car son exclusion aurait soulevé des tempêtes aux chambres et chez les publicistes, ne pût avec son lot s'émanciper du servage? cette menace aux *oisifs* n'est cependant qu'une illusion; devenu propriétaire sans capital d'aucune sorte pour fertiliser sa terre, point de charrue, point de bête de labour, point de semence et même le plus souvent point de provision de bouche, le travailleur n'en continuera pas moins à rester longtemps encore la chose de ses maîtres.

C'est peut-être bien encore une crainte analogue, — en tout cas elle n'était pas avouée — bien plutôt que le désir de préserver l'indigène de la *corruption civilisée* (c'est Soulouque qui l'a écrit sous la dictée d'un favori), qui a été le mobile de la politique d'isolement suivie avec tant de passion, par cette administration à laquelle nous devons la délimitation inqualifiable des zônes de colonisation civile et militaire, la sortie de cette dernière n'étant autorisée aux indigènes que par permis spécial.

La rumeur publique, il est vrai, a signalé d'autres craintes sans doute plus fondées : celles de voir dévoiler par des colons indiscrets tous les vices et tous les abus d'un régime désastreux pour la France et qui continuait le pachalisme turc sous l'égide d'une administration française. Je ne saurais, pour mon compte, nullement infirmer cette opinion. Je devrais rechercher tout ce qui a pu en résulter de causes d'affaiblissement et de destruction à ajouter à celles que nous avons déjà énumérées. Un régime sous lequel la justice se vend effrontément au dernier offrant, sous lequel l'action d'administrer une tribu a pour expression technique « *manger la tribu*, » sous lequel s'est perpétuée la correction corporelle, et toléré le commerce de l'esclave nègre, sous lequel enfin se sont produits des actes comme ceux auxquels Doinau et Jobs ont attaché leurs noms, ce régime ne peut qu'avoir besoin du mystère. Il est incontestable qu'il ne peut qu'avoir contribué pour beaucoup à avilir ce peuple, dont les coryphées du parti chantaient les louanges.

A quoi bon s'appesantir sur des faits auxquels une publicité suffisante est maintenant acquise et que les événements actuels ne peuvent que confirmer? Ce parti militaire, tout puissant sous l'Empire qu'il a aidé à perdre notre honneur national, est en ce moment encore accusé par la presse et l'opinion publique de tenter les derniers efforts pour conserver son autocratie administrative ; et cela, au prix de quelles ruines, de quels désastres ! Pauvre France ! Pauvre Algérie ! L'action délétère de ce régime ne doit m'occuper ici que pour établir que c'est son application exagérée sur les populations sahariennes qui a suscité la fatale insurrection des Ouled-Si-Cheik encore persistante, et a nécessité nos laborieuses et stériles expéditions du Sahara, amené la ruine des tribus fidèles par les réquisitions pour approvisionner nos colonnes, et finalement occasionné les désastres produits par la famine et le typhus, qui ont presque fait un demi-million de victimes. Or, les tribus que le fléau a surtout frappées sont celles du Tell militaire, au contraire des populations soumises au régime civil, qui se trouvaient beaucoup moins épuisées ; mais ce sont surtout les tribus des Steppes et du Sahara, exclusivement pastorales, qui se sont montrées beaucoup plus résistantes, et cela même à cause de ce genre de vie, auquel, je le répète, la race est essentiellement appropriée.

Dans un travail annexé à l'enquête agricole de 1868, et qui avait pour but d'étudier les rapports entre l'orographie et la structure géologique de la province d'Oran et les caractères de ses zônes agronomiques, j'avais été conduit à formuler les faits suivants : L'Algérie constitue quatre ou cinq grandes zônes parfaitement distinctes entr'elles. 1° La zône des grandes plaines alluvionaires du Tell oranais est, par excellence, celle des cultures industrielles à fertiliser par les irrigations et capable de donner tous les produits les plus riches et la végétation la plus luxuriante ; mais il faut ici des capitaux et de l'intelligence, c'est-à-dire des colons d'élite, auxquels tout reviendra fatalement un jour. 2° La zône plus ou moins mamelonnée, mais non rocheuse du Tell est susceptible d'une mise en culture presque intégrale et peut fournir des produits riches et variés, céréales, raisin, olives, lin, garance, etc. ; mais il s'agit pour en tirer parti d'y faire des travaux considérables de défrichements et d'ameublissements profonds antipathiques aux indigènes ; c'est un vaste champ qu'envahira la colonisation par les petits agriculteurs européens. 3° La zône montagneuse, dont bien des enclaves seront utilisées par les populations d'origine berbère, qui s'y trouvent déjà fixées pour la plupart, doit être essentiellement forestière. Elle devra être reboisée dans son ensemble pour économiser les eaux, régulariser les sources et restaurer la climatologie normale de la région atlantique. Il faut, pour cela, introduire une réforme radicale dans les habitudes dévastatrices des occupants autochtones, et en fin de compte éloigner et châtier les incendiaires pour éviter les incendies ; et il suffira alors presque partout de protéger contre la dent meurtrière des chèvres les broussailles de chênes, pins, thuya, oliviers, pistachiers, partout disposées à reconstituer promptement de vrais peuplements forestiers : les ressources sont encore immenses, mais il faut se hâter ; car chaque jour les amoindrit. 4° Les hauts plateaux et le Sahara constituent une double zône de steppes et de pâturages, dont rien n'embarrasse le parcours ; mais c'est une région à approvisionner d'eau par l'amélioration des redirs, ou citernes naturelles, et par la construction de bassins artificiels analogues, soit encore par la recherche des nappes artésiennes qui existent certainement sous de vastes espaces. C'est la pénurie d'eau qui en empêche l'utilisation complète par les populations Arabes, qui y sont clairsemées et qu'il faudrait surtout y développer ; car elles y seraient presque partout hors de la concurrence des Européens, pour lesquels c'est une région trop difficile à exploiter, trop différente par son climat de leur pays d'origine.

Je développerai un jour cette thèse au point de vue physique pour lequel seul elle avait été exposée ; elle entre dans la série de mes études générales sur l'histoire naturelle de l'Algérie ; mais au point de vue politique, elle me paraît tout aussi opportune et juste : il me semble qu'elle donne en résumé la solution du problème arabe la plus rationelle en même temps que la plus favorable à la conservation de cette race en voie d'extinction.

En temps normal, en effet, on a constaté dans tout le Tell un excès considérable des décès sur les naissances, qui parait tenir surtout à la mortalité exagérée des enfants abandonnés sans soin à toutes les misères et intempéries, mais doit être aussi attribué au régime social, à la dissolution des mœurs, au défaut de toute hygiène, qui aggrave les conditions d'insalubrité de beaucoup de stations. En temps de misère, et ces temps-là ne sont malheureusement pas rares, sur l'une au moins des classes de la population il se produit une aggravation de ces conditions de dépérissement par le fait de l'insuffisance d'alimentation ; et cela peut aller jusqu'à tarir les sources de la vie d'abord dans cette classe, la seule qui travaille, et, par contre-coup, dans les classes oisives qui ne font que consommer.

La base de cette alimentation repose en effet en trop forte proportion sur le rendement d'un travail agricole dont les procédés sont beaucoup trop primitifs et imparfaits pour en assurer le succès. Il était entré dans les habitudes de ce peuple d'emmagasiner l'excédent des bonnes années en prévision des mauvaises ; mais ces denrées ayant pris une valeur bien plus grande qu'au temps des Turcs par suite du développement commercial de la colonie, sous l'action du mirage des pièces de cinq francs qu'il entasse improductives, l'arabe vide son silos et ne pense plus au songe de Pharaon. Les ressources fournies par le laitage des troupeaux sont beaucoup trop insuffisantes, d'abord parce qu'elles sont encore amoindries par les mêmes faits qui ont affaibli la récolte, et que d'ailleurs bien des causes énumérées plus haut gênent dans cette région le développement des troupeaux. Je dois signaler une de ces causes qui ne peut que s'aggraver de plus en plus et se montrer menaçante de conflits et d'irritation réciproque : c'est la constitution progressive et successive de la propriété particulière. On sait combien elle est ennemie de la vague dépaissance et sévère sur le respect qu'on lui doit, quand, sérieuse et réelle, elle résulte non-seulement d'un titre de concession ou d'acquisition, mais encore d'une véritable conquête par la pioche sur la nature brute. L'Arabe est inconscient de ces droits de jouissance exclusive de la propriété ; son idée à cet égard est essentiellement différente de la nôtre. Que de contestations de domages, que de mises en fourrière de troupeaux entiers errant sans gardien, ne voyons-nous pas à chaque instant se produire au voisinage de nos centres agricoles ?

Chez les Arabes pasteurs des Steppes et du Sahara nous ne sommes point encore assez renseignés sur la proportion des naissances et des décès ; peut-être indique-t-elle encore ici que la race s'en va ; mais ce doit être plus lentement en tout cas : car le Nomade paraît jouir d'une constitution plus robuste et plus saine et cela doit être certainement attribué à la salubrité remarquable des régions qu'il parcourt et à son alimentation, moins incertaine, moins insuffisante, puisque le travail est presque nul, et que les forces non épuisées y sont plus faciles à réparer. En somme les conditions de l'existance y doivent être bien meilleures que dans le Tell : la résistance à l'épidémie du typhus l'a démontré suffisamment à la dernière famine.

Cependant on trouve dans ces régions des exemples d'une misère extrême, empreinte sur les haillons, la maigreur et le teint hâve des populations qui en subissent les tortures : ce sont les Ksouriens, gardiens des magasins des Nomades, rivés à leur village (Ksar), dont les abords stérilisés ne permettent la vie d'aucun troupeau. La stérilité y est telle que l'Ane y va à la recherche des excréments humains, comme ailleurs le porc et le chien, pour s'en nourrir. L'alimentation de l'homme y consiste en une faible rétribution en nature payée par le propriétaire des provisions emmagasinées, qui sont des dattes et quelque peu de grains ; et on y ajoute les produits prématurément consommés de quelque carré de jardin, arrosé par la source voisine ou l'eau d'un puits. Chez plusieurs le chien nourri de dattes est animal de boucherie au grand scandale du musulman orthodoxe. Il n'y a pas plus de conditions d'insalubrité qu'ailleurs, dans ces villages bâtis sur les dernières pentes de l'Atlas, au bord du grand désert dont ils marquent comme les limites ; mais l'habitant ne s'y trouve plus dans les conditions de vie du pasteur Nomade, qui, seules, paraissent raisonnablement possibles dans cette région, et cela explique sa dégradation : elle est extrême et n'a qu'un remède : l'alimentation suffisante. Pour se convaincre de cette vérité, il suffit de comparer les villes propres et coquettes des Mozabites, riches par leur commerce, industrieux et pleins de santé, avec Metlili la ville des Chamba, pittoresque de loin, une ruine de près, habitée par des Kramès qui ressemblent à des Lazares déterrés, et viennent sur les campements abandonnés recueillir grain à grain l'orge échappé à la mastication des chevaux. Et cependant il serait difficile de trouver entre ces localités si constratantes une différence de site, de climat, de sol ; il n'y en aurait même qu'en faveur du ksar Chambi ; car Metlili est réputé la reine des eaux du Sahara.

Je prévois qu'on objectera l'insalubrité des grandes oasis sahariennes, qui est incontestable et exerce une influence pernicieuse sur la santé des hommes de race blanche. Gourara, Ouargla, Tougourt, Biskra, tout le Nefzaoua, ne sont en effet habitables que pendant la saison hivernale, même pour les arabes depuis longtemps fixés au Sahara, qui s'y résignent à la fièvre pendant l'été ou vont chercher la santé sur les pâturages sahariens à la suite de leurs troupeaux. Mais il y a là des conditions particulières d'humidité ou de constitution plus ou moins paludéenne bien différentes de celles des Ksours du pied de l'Atlas, et qui ne permettent que l'installation des races de sang noir, nègres du Soudan ou mulâtres, ou bien encore nègres subéthiopiens, descendants probables des Garamantes, qui tous sont esclaves, serviteurs ou métayers, serfs en un mot à un degré quelconque du seigneur de race blanche et ne sont guère plus heureux que les Ksouriens, malgré leur adaptation plus spécialement exclusive au pays du dattier.

Ainsi donc nous nous trouvons en présence d'un fait considérable, indéniable, fatal si on n'y apporte point remède, celui de l'extinction successive d'un peuple, dont nous avons en quelque sorte pris charge par suite de la conquête du pays qu'il occupait. Les misères de ce peuple enfant et barbare sont, en majeure partie, dues certainement à ses défauts ataviques et à l'immobilisme de son état social ; mais notre domination aurait bien pu les aggraver, surtout avec les errements sous lesquels elle s'est constituée. Donc, comme nous ne pouvons nous dégager de cette responsabilité double, nous, peuple civilisé, nous devons rechercher en détail les influences délétères sous l'action desquelles ce phénomène anormal se produit, afin de les faire cesser. Nous devons étudier toutes les manifestations des aptitudes des races à tel ou tel genre de vie, prévoir tout ce qui doit fatalement se produire en raison des propriétés adaptives de chacune de ces races qui se trouvent fixées sur cette terre de conquête ; puis inaugurer une nouvelle politique qui prépare cette évolution dans le sens le plus heureux et par de sages mesures progressives, qui accélère même cette transformation en profitant de toutes les conditions favorables, prévues, ou fortuites. Nous le devons d'autant plus qu'il nous incombe également de fertiliser une région arrachée à la stérilisation de la Barbarie et qui doit constituer pour notre patrie un élément de plus de force et de richesse. Nous ne pourrons y parvenir que si nous réussissons à faire disparaître tous les éléments de révolte, que conserve cet état fatal de souffrances qui étreint la race arabe du Tell. La paix et la tranquillité sont absolument indispensables à la métamorphose du pays.

Nous pouvons découvrir maintenant de quel côté est le salut désiré. L'Arabe du Tell, mauvais pasteur, détestable agriculteur, subvient très difficilement à ses besoins les plus impérieux ; l'Arabe des Steppes et du Sahara au contraire, malgré qu'il ne soit que pasteur, vivant dans un milieu pareil à celui de l'Yémen, sa patrie d'origine, est relativement plus heureux, ne serait-ce que parce qu'il est resté dans son élément ; un peu trafiquant, il se procure aisément ce que ne lui fournit pas son troupeau, par les échanges dont le besoin règle en partie ses pérégrinations. Pour préserver les tribus telliennes d'une ruine inévitable, il suffirait donc de les placer dans des conditions identiques à celles des tribus sahariennes, c'est-à-dire de les ramener au régime uniquement pastoral ; et, comme ce régime n'est possible que dans les régions des Steppes et du Sahara, c'est là en définitive qu'il faudrait conduire ces tribus. Si ce déplacement d'intérêts, parfaitement exécutable par une série de moyens sagement étudiés et autres que ceux de la violence et de la force, pouvait être opéré, on aurait résolu, au bénéfice de tous, l'un des problèmes les plus brûlants de la colonisation algérienne. Il est de notre honneur de ne pas attendre la solution naturelle ~~signalée dans le premier paragraphe de cet écrit~~ et, surtout, de ne pas la précipiter.

Je ne saurais indiquer tous les procédés pratiques pour mettre en œuvre cette nouvelle politique : je n'ai point assez étudié la question pour dresser un programme à suivre à cet effet. Ce programme exigerait des lumières administratives plus autorisées que les miennes pour avoir quelque chance d'être adopté par les hauts fonctionnaires chargés de nos destinées algériennes ; mais je puis cependant exposer quelques idées à cet égard.

Notre dignité de nation policée, nos mœurs, notre prétention à la philanthropie, — je dis prétention, parce que malheureusement nous l'avons trop peu pratiquée entre nous tout récemment encore — tout enfin nous oblige à ne point employer les moyens violents de l'expulsion et de la transportation. Cependant quel scrupule peut on avoir de reléguer par la force aux Steppes toute tribu qui se serait mise en état de rébellion pour, conformément aux habitudes de brigandage, promener l'assassinat, la ruine et la dévastation sur les fermes et les villages des colons européens? Vous, gouvernants, vous êtes impitoyables pour les nationaux que les ardeurs de la lutte politique ont entraînés à défendre ou conquérir ce qu'ils croient être leurs droits; vous fusillez et proscrivez en masse pour satisfaire des rancunes haineuses; et vous permettez que l'on donne de gaîté de cœur l'*Aman*, le pardon presque absolu à de féroces criminels que l'impunité a depuis longtemps encouragés à recommencer le lendemain! C'est une véritable aberration de votre esprit; l'opinion publique croit y démêler votre connivence à la réussite des calculs machiavéliques d'un parti, auquel il est indifférent de perpétrer la ruine des colons et des indigènes, s'il parvient à retenir des attributions et un pouvoir qui devraient lui échapper.

Il existe, éparpillés dans le Tell, de nombreux douars détachés des tribus Sahariennes à la suite de querelles intestines qui les ont obligés à la fuite ; il est quelquefois arrivé à nos généraux, pendant les luttes pour la conquête, de dissocier des tribus du Sud et d'en transporter des fractions dans le Tell sans prévoir ce que cette mesure avait de fâcheux au point de vue qui nous occupe. Parmi les exemples à citer, celui des El-Aghouat me vient en mémoire, puis celui surtout des Ouled-sidi-Cheik, que l'on rencontre en quelque sorte partout intercallés par petits groupes entre les grandes tribus telliennes, où on les reconnait au pompon de plumes d'autruches qui surmonte leurs tentes. Il conviendrait de rapatrier ces déserteurs ou expulsés, pour leur faire reprendre à côté de leurs parents leur vie rationnelle de Nomades. Il me semble que cet acte ne devrait être considéré que comme une simple mesure de police indigène, à accomplir sous réserve de compensations pour tous droits qui auraient pu être acquis.

Le Sénatus-Consulte destiné à préparer le royaume arabe, ou, pour mieux dire, l'exploitation de ce royaume par une certaine catégorie de serviteurs éhontés de la Majesté Impériale, a dépouillé le domaine de l'Etat de toutes ses richesses territoriales en faveur de celles des populations indigènes qui y avaient le moins de droit et même de prétentions. Il n'y a sans doute pas opportunité d'en continuer l'application aux parties de ce territoire qui y a échappé ; mais il serait urgent de faire cesser partout ailleurs l'état mainmortable organisé par l'attribution du sol en bloc aux douars nouveaux, comme exprès pour renforcer l'organisation féodale de la tribu, et cela par l'application absolue de la loi, qui a posé comme but final de l'opération la constitution de la propriété individuelle. Il faut admettre, aujourd'hui surtout, que le partage sera fait sans exclusion de la classe inférieure, dont les droits sont au moins égaux à ceux des Seigneurs et Marabouts. On ne devra plus voir cette anomalie, d'une population entière possédant en proportion superflue de riches terres que l'indivision rend inaliénables, et condamnée pour ce fait à mourir littéralement de faim. Il est impossible que cette propriété individuelle ne soit pas constituée sous le régime de notre droit commun et qu'aucune restriction soit apportée à la jouissance. Il doit en résulter un avantage inappréciable au point de vue de la thèse que je soutiens. L'Arabe, en effet, est en quelque sorte incapable de la propriété foncière; la simple jouissance est son utopie à lui ; il n'a désir de possession que pour ce qu'il peut emporter avec lui ; chez lui point d'amour de clocher, de minaret si l'on veut ; il n'y a que la Kibla de la Mecque et tout converge vers ce pivot du mahométisme. Le nouveau propriétaire aliénera facilement sa terre, qui sera successivement acquise par le vrai cultivateur de quelque origine et de quelque race qu'il soit, mais que l'on peut prévoir être surtout l'Européen, et la colonisation pourra résulter ainsi des efforts individuels et extra-administratifs. Le vendeur, noble ou ancien serf, aura pu augmenter son capital à lui, les troupeaux, s'il est prévoyant ; et cherchant fortune ailleurs, il n'y aura presque plus qu'à lui montrer le chemin des grands pâturages, à l'y attirer par certains avantages sérieux, et il ira volontiers y accomplir sa destinée.

Si nous voulons nous garantir définitivement des insurrections indigènes qui font sans doute l'affaire du parti militaire, mais point celle des colons, il faudra bien se décider à occuper sérieusement le pays et, pour cela, à l'enlacer dans un réseau serré de colonisation européenne, qui ne laisse plus d'illusion à l'Indigène et qui le garantisse même contre les agissements occultes ou les excitations de l'abus d'autorité. Il faudra bien, un jour, que le gouvernement se décide à faire étudier un plan de réseau dont les mailles complexes rattacheront les nœuds dans des directions variées. Au surplus, que chacun aborde cette question avec ses lumières et livre sa solution au critérium de la publicité, et pour mon compte je ferai bientôt connaître les idées que m'ont suggérées mes nombreuses pérégrinations dans notre département civil et militaire. Les transactions privées ne suffiront sans doute pas à faire tomber dans le domaine colonisé tous les districts nécessaires à l'accomplissement de l'œuvre, ni principalement à créer par l'agglomération les nœuds du réseau, ou pour mieux dire les centres de résistance convenablement distribués pour servir, au besoin, de refuge aux isolés. Les événements actuels témoignent que les précautions de cette espèce ne sont pas dénuées d'opportunité. L'Etat aura donc, pour procéder à l'exécution du plan quelconque qu'il adoptera, à exproprier toutes les surfaces nécessaires dont la politique impériale l'a dépouillé. C'est aux Steppes qu'il devra donner les compensations en nature de l'expropriation. L'Etat trouvera dans la vente de ces terres aux colons à se rembourser de tous les frais d'expropriation et, en partie même, de ceux d'appropriation des centres qu'il aura à créer. Rien n'empêchera d'admettre dans ces centres ceux des indigènes que la vie de colon aura séduits, — et il y en aura quelques-uns — ni de réserver même des centres enclavés pour celles de ces populations dont le tempérament plus sédentaire, industrieux ou agricole, leur permettrait la concurrence avec la colonisation européenne ; mais qu'on ne conserve pas d'illusions : tout ce qui voudra persister dans les vieux errements de vie en tribu avec privilèges des Seigneurs et Marabouts, devra tôt ou tard aller aux steppes s'immobiliser en barbarie, s'il veut éviter la ruine et l'extinction au Tell.

Il y aurait encore bien des moyens qui concourraient à faciliter ce déplacement d'intérêts si profitable à la race arabe, si nécessaire pour la paix et la prospérité de la colonie : l'expérience en indiquera certainement encore d'imprévus. Il suffira du reste, pour arriver à l'accomplissement de l'œuvre, en un temps plus ou moins court, qu'elle entre dans les vues d'une politique réfléchie, éclairée, persistante, opiniâtre même ; les difficultés seront successivement écartées.

Je sais bien que l'on va crier à l'injustice, à la spoliation, au mépris des droits les plus sacrés et les plus incontestables : mais ces protestations philanthropiques de la part d'un certain parti, nous savons ce qu'elles valent. Ce parti est celui qui a toujours été effrayé de la contamination de l'élément indigène par l'élément européen, même dans les bagnes et dans les prisons, et qui l'a fait écrire dans la fameuse *lettre* du César *providentiel* que la Providence nous a repris; c'est ce parti, sous l'administration duquel des kalifats condamnent aux travaux forcés leurs administrés à leur profit et même sans les nourir, des bach-Agha jettent des malheureux dans une prison infecte, sans air, sans égout ni vase quelconque pour recevoir les déjections, sans s'inquiéter de la nourriture que les parents ou amis doivent faire passer par un trou, car la porte ne s'ouvre que pour laisser entrer ou sortir les prisonniers, parfois à l'état de cadavre ; c'est ce parti qui a toléré, au moins, la mort au gibet et sous le bâton en pleine place publique, un jour de marché, d'un voleur dont la presse a raconté les tortures sans recevoir de démenti. Que ceux qui élèveront des doutes sur la véracité de ces faits aillent se renseigner à Bel-Hacel, à Frendah et à Zemorah, et ils seront édifiés !

Quant aux droits prétendus imprescriptibles du peuple arabe à gaspiller les richesses de l'Algérie, à posséder son sol si l'on veut, au mépris de l'histoire on veut faire oublier qu'il ne les tient que de la conquête violente. Ces droits sont absolument les mêmes que ceux qui nous autoriseraient à les expulser à notre tour, si nous étions en communauté de sentiments avec lui. Ainsi en a-t-il fait des Berbères, que leurs montagnes seules ont mis à l'abri de ses persécutions. Les droits qu'il réclame pour son compte sont uniquement ceux de la destruction et de la ruine pour perpétuer la barbarie : nous, au contraire, nous avons de plus que lui et employons, pour accomplir la mission que nous nous sommes donnée, les droits de la civilisation et de l'humanité.

Pour apprécier, du reste, le bien fondé de ces protestations intéressées, nous n'avons qu'à étudier l'histoire des tribus arabes que le prosélytisme religieux a jetées sur le sol de l'Algérie. On aurait de la peine à en trouver qui n'aient, plusieurs fois depuis lors, promené leur humeur vagabonde à travers les espaces, soit pour fuir des tribus ennemies puissantes, dont le voisinage n'était plus supportable, soit simplement pour chercher mieux. Combien se sont fractionnées par suite de discordes intestines, pour se fuir d'un bout de l'Atlas à l'autre, du rivage de la mer au Sahara ? il suffit de parcourir sur les cartes détaillées les noms des tribus répétés çà et là, pour acquérir la preuve certaine de ces faits. Combien de groupements spontanés nouveaux ne se sont-ils pas produits avec des éléments hétérogènes, sous l'influence de causes accidentelles? ainsi ceux des Abids, des Trafi, des Douairs, etc. Leur installation s'est assez habituellement opérée par le seul fait d'être premiers occupants, quand elle n'était pas celui du refoulement d'anciens usagers.

Rien de fixe chez ce peuple, et ce qu'il y a de plus ridicule dans nos intentions c'est de vouloir le fixer malgré lui. L'état sédentaire est funeste à son tempérament nomade, qui exige l'espace et qui, ne pouvant l'obtenir au Tell, l'obligera à aller le chercher au Sahara. Or ces pérégrinations ne se sont pas seulement produites pendant la période de la conquête et sous l'influence des besoins du prosélytisme : elles se sont produites de tout temps et à des dates récentes. Actuellement même on voit des tribus étrangères l'une à l'autre se succéder sur les mêmes pâturages en se déplaçant les unes devant les autres, au mépris même de nos divisions territoriales administratives, entre lesquelles on les a distribuées. Cela se produit naturellement, non pas toujours en paix il est vrai, mais simplement parce que les convenances de chacune ne sont pas toujours combinées, et nullement parce que les droits respectifs seraient contestés.

Ces faits indiquent suffisamment ce que pourrait être la propriété territoriale sous ces conditions de mobilité, quand bien même la loi religieuse n'aurait pas établi péremptoirement qu'elle ne devait pas exister, dans les conditions du moins sous lesquelles nous la comprenons. Chez les Maures et les Kabyles, qui obéissaient, avant l'Islam, et ont continué à obéir à des instincts tout opposés, des arguties et des commentaires ont sans doute altéré l'esprit de la loi, pour ne pas rompre radicalement avec des habitudes héréditaires. La propriété individuelle a pu se perpétuer ainsi partout où la conquête ne l'avait pas détruite. Mais pour les Arabes il en est autrement, et tout ce que l'on a pu dire, écrire et plaider à cet égard ne peut qu'être erroné et taxé de manœuvre de parti pour égarer l'opinion publique.

On objectera sans doute que le petit et le grand désert, les Steppes et le Sahara, seraient insuffisants pour nourrir toute la population arabe de l'Algérie ; car le petit nombre de ceux qui s'y trouvent actuellement ne les empêche pas de se disputer souvent la jouissance de maints pâturages. Je ne contesterai nullement ce dernier fait. Il se produit quelquefois en effet, mais il est uniquement dû à l'anarchie ; et la contestation n'est quelquefois que le prélude de la Razzia calculée, ce qu'un publiciste connu de nous tous a nommé la *razzia de pied ferme* quand elle était organisée par un officier de bureau arabe.

Des pâturages immenses, réputés même très riches par les Sahariens, restent improductifs parce qu'il n'y a point sécurité nécessaire pour paître les troupeaux ; d'autres au contraire ne sont utilisés qu'imparfaitement parce qu'il n'y a point suffisamment d'eau pour la saison où ni l'homme ni le bétail ne peuvent se passer de boire : les puits ont existé autrefois, mais le besoin de la défense contre les pirates les a fait combler et détruire, et nul ne songe à les déblayer. L'existence même d'un grand nombre s'est complétement effacée du souvenir des habitants actuels. Le Sahara se trouve à cette époque dans une période de délaissement remarquable dont nous ne pouvons qu'en partie apprécier les causes, mais dont les principales cependant me paraissent concomitantes du développement de l'influence des familles de Marabouts : sur les populations de ces régions : car c'est toujours à leurs malédictions que les légendes attribuent les désastres qui ont provoqué la dispersion.

De vastes districts jadis ont joui d'une grande réputation de fertilité, sans doute relative, mais qui certainement comportait des populations considérables, là où nous ne trouvons maintenant que quelques misérables tentes de chasseurs. La vallée de l'Oued Zergoun, celles de l'Oued Seggueur et de Benoud étaient riches jusqu'aux Args à l'époque où les Béni-Amer y paîssaient en paix leurs immenses troupeaux. Chassés par les Saïd, ces Beni-Amer sont venus s'installer dans les plaines de bel-Abbès, d'où ils ont encore émigré en s'égrénant pendant nos luttes avec Abd-el-Kader. Leurs successeurs au Sahara, serviteurs religieux des Ouled-sidi-cheik ou marabouts eux-mêmes, n'ont pas su conserver les puits nombreux qui assuraient la richesse des anciens occupants. Les vallées de l'Oued Tequir et de l'Oued Massek au sud de la chebka du Mzab, également riches en puits, nourrissaient de nombreux habitants et d'immenses troupeaux, produisaient même des céréales du temps des Zebeïrat. La vallée de Meguiden qui descend d'El Loua au Gourara entre les Args et les escarpements de Goléa, n'était pas moins riche, puisque les Meharsa qui la cultivaient, malgré leurs nombreux chevaux, avaient encore de l'orge à revendre à 3 fr. 50 le quintal ; les fegguaguir y donnaient de véritables rivières que l'incurie des nouveaux occupants a fait tarir plutôt que la malédiction dont la légende les fait frapper par un marabout de l'Ouest.

Le bas-fond de l'Oued Mia en amont de Ouargla a été occupé aussi par des tribus populeuses et riches que les dissensions ont successivement dispersées ; les Hamian, cette turbulente tribu des Steppes de Sebdou si souvent disposée à émigrer au Maroc, en a été chassée par les Saïd ; après eux les Mozabites s'y étaient fortement installés et l'on trouve encore les traces de leurs travaux auprès de la Gara El Krima ; la persécution religieuse les en a seule chassés, et les a obligés à cacher leur indépendance dans le plus affreux pays du monde, où ils ont donné l'exemple de tout ce que l'homme peut tirer de ressources du sol le plus ingrat par son travail persévérant. Que d'éléments de prospérité et de richesses à faire renaître dans les régions seulement que je viens de signaler, avec la paix d'abord et à l'aide de travaux qui peuvent paraître gigantesques pour ces peuples ignorants et paresseux et qui ne seraient pour nous qu'une maigre question de salaires à payer à n'importe quels ouvriers européens !

Sur les quatre cent mille kilomètres carrés qu'occupent les surfaces sahariennes, il y a encore d'immenses étendues, susceptibles de parcours, même réputées riches par les Nomades et dont il serait facile d'utiliser l'exploitation par des recherches ou des aménagements d'eau, puits et redirs artificiels.

La population totale de l'Algérie est depuis longtemps estimée à 3,000,000 d'âmes qui se décomposent ainsi : 1° Plus de 200,000 européens ; 2° Au moins 300,000 Maures, Koulouglis, Israélites et autres habitants des villes et villages ; 3° Un million au moins de Berbères ou Kabyles, purs ou mélangés, mais plus ou moins enclins à la vie sédentaire, pour la plupart installés dans les montagnes qu'ils utilisent pour le mieux de leurs aptitudes et que l'on condamnerait à la soumission définitive si on les désarmait sérieusement et si on les administrait beaucoup moins ; 4° Il reste donc moins de un million et demi d'Arabes proprement dits, que la famine et le typhus ont certainement réduits à moins de 1,200,000. En supposant que toute cette population fut dispersée au Sahara, cela ferait trois habitants par kilomètre carré, soit environ 300 kilomètres carrés pour un douar de 100 tentes. Ce serait peut-être une densité moyenne un peu forte pour cette région dans sa situation actuelle de stérilisation. Mais en estimant aux deux tiers la partie de cette population qui émigrera successivement au Sahara, à mesure que des travaux y seraient exécutés, elle devient très largement proportionnée aux ressources. Quant à l'autre tiers, une partie réussira sans doute à créer des établissements au Tell, l'autre persistera à s'y éteindre fatalement pour les causes signalées plus haut.

Donc point d'objection sérieuse à opposer à cette politique algérienne nouvelle, ni mépris de droits antérieurs qui n'existent pas, ni déni de justice, ni même oubli des idées humanitaires de notre société. Il s'agit simplement de favoriser le retour aux mœurs et habitudes pastorales des arabes fourvoyés dans le Tell, et que leurs instincts ou la nécessité y pousseraient et cela en leur donnant place et protection au milieu des tribus déjà occupantes. Les conséquences de cette politique pourraient devenir incalculables : l'exploitation pastorale de surfaces immenses aujourd'hui presque inutilisées ; le Tell définitivement pacifié par l'émigration d'un de ses éléments de révolte, toujours menaçant et d'autant plus qu'il est plus en butte aux misères de sa situation politique ; la restauration d'un climat normal, d'un régime des eaux normal, par le peuplement forestier des montagnes, garanti des incendies périodiques et de la dent des chèvres.

Cette intercalation des tribus arabes telliennes au milieu des tribus Sahariennes ne pourra se faire bien certainement sans gêner un peu ces dernières, sans les froisser surtout ; et l'on devra observer les plus grands ménagements à cet égard, éviter surtout de les rendre entr'elles ennemies irréconciliables. Toutes ces tribus devront être laissées libres dans leurs habitudes nomades que comporte seule la région dont l'exploitation leur est dévolue ; il sera urgent de les garantir le mieux possible contre les déprédations des marabouts et surtout des chefs indigènes qu'on leur imposera. Les droits respectifs de dépaîssance devront être très largement réglés et combinés avec les nécessités des pérégrinations uniquement pour éviter les compétitions de cooccupants, d'où naissent les conflits. Quant à l'eau, il incombera à l'administration française d'en pourvoir toute la région le mieux possible, au prix même de sacrifices considérables ; car ce sera l'élément principal de la richesse future de cette région.

Après avoir passé l'hiver au Sahara, les tribus remontent pendant l'été vers les hautes Steppes pour s'approcher des marchés du Tell, où elles échangent leurs dattes contre des céréales et vendent leurs laines : c'est là qu'elles devront payer l'impôt, Une occupation sérieuse de la ligne de postes de Sebdou à Tébessa suffira pour protéger le Tell contre une insurrection possible. On pourrait et on doit en effet craindre une action commune de ces populations pour s'affranchir de notre domination : nos bienfaits seront un trop faible lien pour nous les attacher. Mais tous ces Nomades ont forcément des magasins pour les provisions qu'ils ne peuvent faire suivre dans tous leurs mouvements, ces magasins sont dans les Ksours, ou villages murés éparpillés en série au pied de l'Atlas et à l'entrée du Sahara : qui tiendra ces magasins sera maître des populations ; c'est simplement une occupation à organiser de Figuig aux Zibans en passant par El Aghouat.

Un désarmement sérieux, permanent, sera du reste le meilleur élément de paix pour ces tribus entr'elles et avec nous. Dans cette situation il sera nécessaire de les protéger contre les pirates et les Zegdou ; un maghzen spécial, des spahis si l'on veut, les uns à cheval, les autres à Mehari, devront être organisés et suffiront pour la police du désert. Sages, justes, modérés dans l'administration d'un peuple enfant et capricieux, impitoyables dans la révolte; administration civile, justice civile, répression militaire : voilà la base de la politique à inaugurer. Je ne puis avoir la prétention d'exposer tous les détails d'une organisation dont la discussion allongerait inutilement cet écrit.

Une dernière hypothèse, très-gratuite assurément : celle de l'adoption de ces vues par nos gouvernants, malgré leur origine suspecte à bien des égards. Avec cette perspicacité et cette connaissance des hommes et des choses que nous leur connaissons, ils vont certainement faire étudier ce système par Messieurs les militaires des bureaux arabes, faire inaugurer la nouvelle politique par Messieurs les militaires des bureaux arabes, absolument comme en ce moment le régime civil est inauguré par des officiers, l'administration civile des territoires militaires par des officiers, l'organisation des nouveaux centres civils par des officiers encore, tout cela sans doute à titre d'essais, absolument comme l'essai de la République que font en ce moment les monarchiens : les résultats sont certains. Mais chaque chose doit avoir son terme ; ne cessons de lutter pour la revendication de nos droits à faire nos affaires nous-mêmes par nos mandataires. Nous devons avoir définitivement dépouillé les langes de la minorité, et nous sommes virils ; et s'il n'est malheureusement que trop vrai que la mère-patrie menace de tomber en sénilité, témoignons par nos protestations incessantes que nous avons toutes les aspirations et que nous éprouvons tous les besoins de donner carrière à la vigueur d'un peuple rajeuni par les sacrifices et l'opiniâtreté de la résistance contre les hommes et les choses.

2° Du Peuple berbère ou kabyle

Le Berbère est probablement le plus ancien peuple fixé dans le Nord de l'Afrique et, à ce titre, il peut en être considéré comme le véritable autochtone. Ce nom, d'où vient Barbarie, ou mieux Berbérie, est simplement celui d'une de ses fractions, confinée aujourd'hui dans l'Atlas marocain, mais qui probablement était la plus connue, la plus puissante à une époque reculée. Le nom générique, unanimement revendiqué par la race, abstraction faite des variations d'idiomes, est celui de Amazigh et il rappelle assez le nom de Mazyes donné par Hérodote aux habitants de la Lybie et même celui de Massyli des auteurs latins, pour qu'on ne doute plus de cette qualité d'aborigènes. Quelques débris assez rares de l'art égyptien trouvés dans ses stations ont pu faire supposer que c'était un indice de son origine première ; mais ces objets peuvent être attribués avec autant de raison à la race subéthiopienne, qui a vécu longtemps à côté d'elle, sous le nom de Garamantes.

La langue très particulière de ce peuple, en général nommée tefinagh, et dont les idiomes de l'Atlas portent le nom de Chellia et Zenatia, les caractères tout aussi particuliers qui constituent son alphabet, le sens même complètement indéterminé dans lequel elle s'écrit et se placent les lettres, caractérisent suffisamment son indépendance de race et indiquent à peine quelques liens de parenté au type araméen par la suppression habituelle des voyelles dans l'écriture. Sa physionomie et sa constitution indiquent encore moins de rapports avec les populations arabes : une face plus pleine, un front plus élargi, beaucoup moins fuyant, quoiqu'en général assez peu découvert, un nez bien moins aquilin et quelquefois point du tout, un teint moins foncé, passant souvent au roux et même au blond, des membres plus fortement musclés, enfin une ressemblance souvent telle avec les européens, que, sous le même costume, dans les salles de nos hôpitaux par exemple, la distinction exige dans bien des cas de l'attention, tandisque pour le bédouin le doute n'est jamais possible. N'y aurait-il pas là quelque indice d'une très ancienne invasion du Nord de l'Afrique par quelque peuplade celtique ou gaël ? Des traces à peu près incontestables d'industrie celtique sont en effet éparses en Algérie ; mais il me semblerait bien difficile d'arriver à quelque certitude sur ces questions, et si les Atlantes sont des aborigènes, il n'est point nécessaire de la faire venir d'ailleurs.

Ce qui reste à peu près indubitable, c'est que les Berbères occupaient une bonne partie de l'Afrique septentrionale à l'époque de la conquête romaine ; que, mercenaires des Carthaginois, ils avaient eu plusieurs fois à lutter contre eux, soit pour conserver leur indépendance, soit pour faire respecter la foi jurée ; que la lutte a dû être plus énergique, plus prolongée, plus souvent recommencée pour résister aux tendances dominatrices des Romains, dont ils paraissent enfin avoir accepcepté le dogme chrétien et les lois organiques ; car il en est resté des traces assez nombreuses dans leurs mœurs et leurs coutumes et assez vivaces pour avoir résisté à l'absorption islamique. Il est probable qu'ils avaient fini par s'assimiler assez complétement la civilisation romaine pour n'avoir point éprouvé le besoin de secouer le joug et d'échapper au moins au sort de leur maîtres, lorsque l'invasion vandale vint entasser les ruines sur la domination romaine en Berbérie.

L'histoire de toutes ces vicissitudes ne doit pas ici autrement nous intéresser, que pour les enseignements que nous pouvons en tirer sur le tempérament politique des ancêtres d'une race, que nous avons, à notre tour, devant nous avec mission de la gouverner au mieux de ses intérêts et des nôtres. Si nous y trouvons la preuve d'une certaine aptitude d'adaptation aux coutumes civilisées, si même nous voyons ses princes et ses grands aller chercher à Rome une éducation soignée, nous devons aussi remarquer l'obstination de résistance à la domination étrangère. S'il y a eu en effet dans cette Berbérie des périodes de soumission et de paix, il semble que c'étaient simplement des temps de recueillement pour préparer de nouveaux efforts, énergiques et terribles, afin de se débarrasser de l'étreinte du dominateur.

L'assimilation politique ne semble même pas avoir facilité l'assimilation de race par mélange du sang, sur la majeure partie au moins de ce peuple ; car il avait conservé sa vigueur d'origine, son amour d'indépendance, sa répulsion instinctive à se plier aux volontés des novateurs, lorsque le torrent des hordes musulmanes a débordé sur son pays. Impuissants à résister, les uns, plus nomades, se sont plongés dans les solitudes sahariennes, où ils sont restés libres en partie, en partie asservis ; les autres, agriculteurs et sédentaires, ont cherché refuge dans les montagnes accidentées, abandonnant les grandes plaines de culture aux envahisseurs, qui devaient insensiblement les stériliser. Isolés des autres nations chrétiennes, ils ont tous fini par accepter la religion des conquérants en l'interprétant plus ou moins, pour l'adapter à leurs habitudes séculaires et à ce que l'on pourrait appeler le génie particulier de leur race. Malgré cette communauté de dogme, Kabyles et Arabes sont restés ennemis et antipathiques entre eux, et les malheurs de la guerre seuls, en asservissant quelques tribus les unes aux autres, ont produit des mélanges partiels des deux races.

Les berbères de l'Ouest, massés en plus grand nombre dans des massifs montagneux plus accidentés, plus étendus, ont pu réagir ensuite contre les envahisseurs arabes et redevenir maîtres d'eux-mêmes. Ils ont alors constitué un empire puissant, qui a étendu sa domination jusque chez les Maures d'Espagne et le prosélytisme religieux et conquérant jusqu'au pays des Nègres et donné au Sénégal le nom d'une de leurs peuplades les plus considérables, celle des Senhadja ou Zenaga. Ils ont eu des jours de gloire et de grandeur sous plusieurs dynasties; mais les discordes issues des rivalités de familles et de peuplades, et, plus encore peut-être, cette prompte dégénérescence, que l'Islam semble être prédestiné à faire succéder partout à quelques instants de puissance et de lumières, ont ramené insensiblement ces fiers Maugrebins à leur état antérieur de complète barbarie. C'est sous cet état qu'on les retrouve actuellement au Maroc et en Algérie. Ici, toujours confinés dans les montagnes, sans liens entre les différents groupements, quelquefois même hostiles, ils n'ont pas su arriver à cette unité qui leur aurait permis de reconquérir les plaines et ils ont dû subir soit la domination, soit la menace incessante des arabes, puis des janissaires turcs. Si, à notre tour, nous voulons les réduire à l'impuissance de la lutte, gardons-nous de favoriser en quoi que ce soit l'unification de cette race : elle deviendrait alors bien dangereuse.

On admet que les Kabyles, Kebaïls disent les Arabes, forment environ les 2/5 de la population indigène de l'Algérie : soit un million d'âmes. Ils y sont très inégalement répartis et surtout nombreux dans la région orientale, où les plus purs du mélange de mœurs et de sang étrangers occupent les massifs montagneux de l'Aurès, des Babor, du Jurjura et de l'Ouarsenis. Dans la région occidentale, qui fait plus spécialement l'objet de cette étude, parce que c'est celle que des pérégrinations en tous sens m'ont surtout permis d'observer, le Berbère est en infime minorité. Les Beni-Ouragh au pied occidental de l'Ouarsenis, et les Trara entre le bassin de la Tafna et la mer, sont les seuls qui se soient un peu préservés de la contamination du sang arabe et qui puissent encore offrir un exemple des caractères particuliers à la race. Dans le massif de Tlemcen surtout et au Dahra, ils en ont subi toute l'influence au point de perdre leur spécialité de type, et la langue arabe leur est devenue tout aussi familière que la leur. Le sang berbère domine encore cependant chez ces tribus et leur a conservé les caractères adaptifs les plus essentiels de la race ; et, pour moi, il n'est point nécessaire au point de vue de notre étude de s'arrêter à la distinction entre Berbères berbérisants et Berbères arabisants.

Si l'Arabe est le type du nomade, le Kabyle au contraire est essentiellement sédentaire et se construit des habitations fixes, groupées en villages que la nécessité de la défense contre des ennemis permanents, ou même des rivalités de famille, a fait percher comme des nids d'aigle sur les rochers, ou les pitons les plus inaccessibles. Si la dechera, ou village, est ruinée par la guerre et ses habitants expulsés, ils attendront des jours meilleurs sous les zeribat ou gourbis, provisoirement fixés où les hasards de la lutte les auront relégués. L'habitation sous la tente est un signe certain de l'infusion du sang arabe pendant un asservissement momentané ; elle est antipathique à la race.

La maison, ou taska, est plus ou moins rustique, construite en mauvais moellons liés par du mortier de terre ; elle est couverte en tuiles ou en terrasse, suivant qu'il gèle ou non là où elle se trouve perchée, et cette toiture est soutenue par de fortes pièces de bois grossièrement équarries que l'on étaye même par d'autres pièces verticales au besoin ; des branchages plus ou moins serrés supportent la couche d'argile damée sur laquelle repose la couverture. Les murailles sont plus ou moins d'aplomb, mais une épaisseur suffisante corrige le défaut d'équilibre, et, comme il n'y a ordinairement qu'un rez-de-chaussée, cela est toujours assez solide. Une maison comprend le plus souvent une cour qui donne accès à deux, trois, ou quatre pièces, pourvues chacune d'une seule porte pour toute ouverture et dont une sert d'habitation, une seconde de magasin, les autres d'étables ou d'abris pour le bétail à l'époque des intempéries. L'âtre dépourvu de cheminée se place n'importe où et la fumée doit se dégager par la porte. C'est en somme une demeure peu confortable, peu saine même, plus apte cependant que la tente à garantir du mauvais temps.

L'ameublement est tout aussi simple et insuffisant que celui de la tente : pour couchette le sol nu ou couvert d'une natte, plus rarement d'un tapis ou d'une peau ; quelques sacs en peau pour coussins et bahuts ; pour vaisselle de la poterie grossière fabriquée dans le ménage ; des outres pour l'eau et le lait, le moulin à bras, la faucille, la pioche à hache, une houe, un semblant de charrue, quelques sacs doubles en laine, dits télis, et des paniers et corbeilles en palmier ou sparterie ; le silos est peu usité, on le remplace, pour emmagasiner les provisions, par d'immenses jarres fabriquées sur place en terre crue pétrie avec de la paille et qui meublent la pièce servant de magasin. Le costume n'est pas bien différent non plus de celui de l'Arabe dans sa pièce essentielle qui est le burnous ; le haïk et la gandoura sont de luxe ; la tête est simplement couverte d'une chachia ou calotte en laine ; le tablier de cuir est de rigueur pour le travail : du reste, pour le moins autant de malpropreté et tout aussi peu d'hygiène, tout autant d'insectes parasites, dont on cherche inutilement à se débarrasser de temps en temps en battant à grands coups le vêtement sur un feu de broussailles.

Les animaux domestiques sont peu nombreux parce que les parcours sont difficiles ; quelques vaches, des brebis, des chèvres principalement pour fournir le lait et le beurre que l'on approvisionne dans la bonne pour la mauvaise saison, la chèvre et la brebis donnant en outre le poil pour les cordes et la laine pour les vêtements ; des bœufs, des ânes, des mulets pour bêtes de somme et de labour, peu de chevaux ; enfin de la volaille. On peut ainsi se faire une idée de toute la richesse mobilière du Kabyle, presque aussi élémentaire que celle de l'Arabe, malgré la fixité de sa résidence.

Là au contraire où le Berbère diffère essentiellement de l'Ismaélite, c'est dans son aptitude au travail qui n'est point envisagé par lui comme dégradant et auquel tout le monde se livre ; aussi cette société ne comporte-t-elle pas cette distinction choquante entre nobles qui ne font rien et serfs qui les nourissent. Malheureusement le parasitisme du marabout vient encore ici faire tache au tableau, et tel Berbère tant soit peu en mesure de faire soupçonner dans ses veines l'infusion de la moindre parcelle de sang chourfa, s'en targue comme d'un droit à la paresse et à l'exploitation de son semblable surtout dans les tribus de sang mêlé. C'est du reste un vice inhérent à toute société ignorante, barbare ou civilisée ; chacune produit son maraboutisme spécial.

Parqué dans ses montagnes et resséré dans d'étroites limites, le Kabyle n'a pu compter beaucoup sur la prodigalité de la nature ; il a dû mettre en pratique le précepte : « aide-toi et Dieu t'aidera. » C'est par un travail opiniâtre qu'il a pu conquérir sur une âpre nature le champ qui lui appartient en propre et devient l'héritage de sa famille. Véritable propriétaire, il le fertilise autant qu'il le peut, utilise pour cela avec un art remarquable toutes les ressources en eau, fait des plantations au bénéfice de ses neveux ; sa culture, toute imparfaite et routinière qu'elle nous parait, peut cependant passer pour intensive en raison des faibles ressources qu'il possède et de ses procédés trop primitifs.

Les céréales ne peuvent ici jouer le rôle principal comme dans la région des plaines et collines basses, où l'on se décide quelquefois à aller louer des terres aux Arabes ou en cultiver au métayage; dans la montagne on sème surtout des fêves, des pois, des gesses, des lentilles, des garavances, des ervilles ; en été et en terrain humide, du maïs, divers sorghos et millets, puis toute la série des cucurbitacées qui fournit de précieuses ressources, des légumes tels que navets, carottes, ognons, piments, etc. L'olivier est une source de richesses et fait un arbre magnifique ; le figuier et la vigne sont précieux aussi pour leurs fruits que l'on dessèche ; de nombreux arbres fruitiers : poiriers, pommiers, coignassiers, pruniers, abricotiers, jujubiers, citronniers, orangers, ornent les jardins et en font de véritables vergers. A toutes ces ressources s'en ajoutent bien d'autres que la nature fournit gratuitement, et principalement le gland des chênes liège et balloto, assez doux pour être mangé comme nos chataignes qu'il remplace complètement pour ces populations. Aussi ces arbres respectés, cultivés presque, peuvent-ils être classés comme fruitiers et se font remarquer par leur port majestueux. Les baies du lentisque sont récoltées pour en extraire l'huile qui, suffisant quelquefois à la consommation du ménage, permet de vendre la cueillette d'olives. La graine du pin d'Alep, l'ovaire presque mûr du ciste ladanifère, les tubercules d'aroïdées, les chataignes de terre, les feuilles du pourpier maritime (*atriplex halimus*), celles de bette, d'*emex*, de *rumex* et d'autres entrent dans l'alimentation, surtout aux époques malheureuses. Au voisinage de la mer on voit des groupes nombreux de femmes se livrer activement à la pêche des coquillages dont on est souvent étonné de trouver les coquilles à de grandes distances dans l'intérieur. Le miel, enfin, est d'un grand produit et c'est une ville berbère qui a donné son nom à la cire que nous brûlons.

Pour qui a pu étudier et parcourir les régions ingrates et sauvages où cette race est reléguée, il reste certain qu'elle a su en tirer tout ce qu'il y avait de ressources. C'est à son travail uniquement qu'elle a dû de pouvoir presque assurer son alimentation dans les années de disette, de manière à résister aux désastres subis par les Arabes telliens en possession cependant des meilleures terres de culture, sur lesquelles sont dispersées des populations considérablement moins denses ; et puis, le Kabyle ne craint pas d'aller hors de son pays demander à son travail des moyens de subsistance pour lui et sa famille ; il est même des tribus pour lesquelles l'émigration périodique est une habitude ou une nécessité. Nous en avons un exemple remarquable, dans notre province d'Oran, en ces rudes travailleurs marocains, tous Kabyles, qui servent nos maçons, font nos routes, nos travaux de barrages, de dessèchements, servent même dans nos usines avec autant d'intelligence que les européens. On a vu à Ténès et à Cherchell les Berbères indigènes devenir en peu de temps aussi adroits mineurs que les ouvriers de profession et suffir seuls à tous les besoins d'une exploitation.

Leur constitution politique et sociale est également bien différente de celle du peuple arabe, et il a fallu qu'elle fût bien vigoureusement ancrée dans les mœurs et même les besoins de la race pour résister à l'action dissolvante de l'islamisme, dont le régime politique est absolument contrastant. En effet, au lieu du patriarcat despotique qui annihile la liberté individuelle, nous trouvons une organisation démocratique qui en est l'antipode. Chaque tribu constitue une sorte de grande commune, dont les intérêts sont gérés par un conseil élu dans des assemblées auxquelles tous les hommes majeurs prennent part. Un chef, sorte de maire ou de président de Djemmâ, également élu pour un temps déterminé, administre sous son contrôle, fait la police, rend la justice suivant les coutumes, ou *canouns*, bien plus souvent que d'après les prescriptions du Coran. Dans les grandes circonstances et lorsqu'il est nécessaire de prendre une détermination importante, la population entière est appelée à délibérer et à exprimer sa volonté à la majorité des suffrages.

Dans une pareille société où l'homme est libre et où chacun compte pour sa valeur personnelle, il était impossible de ne point trouver une constitution de la famille tout autant en contradiction avec la loi religieuse. La femme, en effet, n'y est point descendue à cet état d'abjection et de servitude auquel l'a condamnée l'Islam orthodoxe ; elle peut se montrer en public le visage nu ; elle est le plus habituellement épouse unique et son union à l'homme ne ressemble plus à une vente contre espèces sonnantes : ce n'est plus une esclave, elle mange en compagnie de son époux ; le lien de famille ainsi normalement constitué l'appelle plus ordinairement à se mêler de l'administration de la communauté. Veuve ou divorcée, elle est redevenue libre d'elle-même et peut bien alors nouer des intrigues amoureuses sans qu'on y trouve à redire, le climat sans doute l'excuse ou l'explique ; mais en puissance de mari, elle demeure généralement plus attachée à ses devoirs. Du reste, en cas d'incompatibilité d'humeur, elle peut toujours recourir au divorce. Il n'est pas impossible sans doute de trouver quelque relâchement de mœurs dans cette société, malgré la sévérité jalouse du chef de famille : mais certainement il s'y est développé à un degré bien moindre que chez l'Arabe. Cette beauté réellement remarquable du sang kabyle, que l'on peut admirer partout dans les montagnes, même sous les vêtements sordides et sous une malpropreté quelquefois repoussante, en est évidemment la conséquence heureuse.

Le Kabyle est très franchement hospitalier, au contraire de l'Arabe qui l'est hypocritement. On sait que le sauf-conduit donné à l'hôte, sous le nom d'*anaya*, est toujours religieusement respecté par les parents, amis ou affidés de celui qui l'a octroyé. Il donne difficilement sa parole, couvre son serment de la volonté de Dieu, comme l'Arabe, mais sans restriction mentale et il est fidèle à tenir ses engagements. Le mensonge et le vol sont pour lui des vices inavouables : mais à côté de ces qualités il a bien des défauts : capricieux, violent, irascible, implacable dans sa vengeance, ne supportant aucun affront, appliquant lui-même la peine du talion pour les crimes contre les personnes ; quoique peu religieux et n'observant même pas le rituel de l'islamisme, il peut devenir fanatique forcené ; jaloux de son indépendance et de l'exercice de ses droits naturels, il reste ennemi irréconciliable de celui qui peut les menacer, Dans sa méfiance soupçonneuse, il se tient toujours en garde contre les rivalités des tribus voisines, avec lesquelles il est presque en hostilité permanente ; il ne se résout à établir avec elles de lien fédératif sérieux qu'au moment du danger suprême pour résister à l'ennemi commun. Après la crise, le lien se rompt de nouveau, les inimitiés se réveillent, et pour une cause futile, esclave du point d'honneur, il court à ses armes ; et lorsque la parole de paix des marabouts est impuissante à calmer les passions, la guerre éclate, impitoyable comme la font ces barbares entre eux comme contre nous, sans merci pour les hommes et leurs biens et pouvant quelquefois aller jusqu'à l'anéantissement du vaincu.

L'Arabe est surtout cavalier et se bat comme il fait fantasia. Il fond de toute la vitesse de son cheval, tire un coup de feu sur l'ennemi, et tournant instantanément sur lui-même, fuit avec la même rapidité : c'est toujours la même tactique, qu'il tiraille en fourrageur ou charge en masse serrée par groupes indépendants; la résistance au choc, ou même à la menace du choc, détermine aussitôt sa retraite; le combat est une course au clocher et trop souvent ce sont nos fantassins que l'on a chargés de fournir cette course. Le Kabyle est plus essentiellement fantassin ; habile tireur, il sait profiter de tous les accidents de terrain pour se couvrir et harceler son ennemi ; au contraire de l'Arabe impuissant à réduire la moindre bicoque, il attaque résolument les obstacles de défense par la sape et le feu à l'aide des fascines ; il organise avec intelligence et défend avec courage et obstination ses ouvrages de protection ; il ne lui manque souvent que de l'artillerie pour rendre imprenables les positions qu'il a fortifiées, et l'artillerie seule peut quelquefois le déloger de ses retranchements. La guerre contre l'Arabe nécessite des jambes, celle contre les Kabyles exige des efforts sérieux et soutenus, et souvent de véritables assauts.

Dans nos corps indigènes l'Arabe est spahis et sert en quelque sorte de gendarme aux bureaux arabes ; le Kabyle est tirailleur indigène, autrement dit *turco*. Le premier rend des services douteux et se montre trop souvent prêt à la défection ; le second est un rude soldat presque toujours resté fidèle à son devoir; nous en avons des preuves récentes irrécusables.

Ainsi voilà un peuple qui a considérablement d'affinité avec nous, qui comprend à notre manière et se montre apte à faire fructifier la propriété particulière, un peuple qui a dû hériter de ses ancêtres assez de souplesse pour se plier aux améliorations de la civilisation, qui a su conserver des institutions démocratiques que nous pourrions encore envier et dont la constitution de famille est presque entièrement compatible avec nos lois civiles, à tel point que l'on pourrait presque dès aujourd'hui les lui appliquer sans susciter trop de répugnances. La différence principale est qu'il est plus barbare que nous, qu'il a tous les défauts de cet état social, défauts qu'il suffit de bien apprécier pour se tenir en garde contre toutes les conséquences fâcheuses qui pourraient en résulter contre notre occupation. Si l'utopie de l'assimilation est réalisable entre Européen et indigène, et si le dogme musulman n'est pas ainsi que je le crains et que semble le démontrer l'histoire, fatalement répulsif de toute civilisation issue du dogme chrétien, c'est donc la race kabyle qui seule en sera capable. Quoiqu'il en soit du reste, c'est chez elle que se trouvent les plus importantes ressources à utiliser pour la régénération physique et sociale de cette vieille terre atlantique.

Qu'a-t-on fait pour essayer de préparer ce rapprochement ? absolument rien ; on y a même bien plutôt apporté des obstacles. Il semble que l'on ne se soit pas aperçu qu'il y avait dans ce peuple autre chose que des bédouins, et qu'il était ridicule de soumettre à l'unification administrative des races dont les instincts et les besoins étaient à l'antipode les uns des autres. On a impolitiquement et plus ou moins brutalement aboli les coutumes et l'organisation politique, imposé des caïds et des cadis, autant de sangsues et de fonctionnaires antipathiques, et, comme couronnement, des administrateurs comme Beauprêtre et Jobs. Je ne voudrais point préjuger les causes de la dernière insurrection kabyle, qui a ruiné tant de colons et ajouté des désastres algériens à ceux que venait de subir la Mère-Patrie. J'espère qu'une enquête sérieuse nous éclairera bientôt sur les causes et les mobiles d'une rébellion, qui s'est produite dans beaucoup de points avec la certitude indiscutable de l'insuccès. Dès aujourd'hui, en se souvenant que ces rebelles sont des descendants des Massinissa, des Scyphax, des Bocchus, des Jugurtha et des Tac-Farinas, on ne peut plus être étonné que de pareils faits se soient produits sous une administration impolitique, inconséquente, souvent arbitraire comme celle qu'on leur a imposée.

Pourquoi n'est-il point entré dans les vues des partisans du royaume arabe de faire participer les Berbères aux largesses du gouvernement ? Pourquoi ne les avoir pas appelés à prendre leur part de ce riche domaine, dont on expoliait la colonie par le néfaste Sénatus-Consulte ? Ces Berbères étaient-ils donc aussi dangereux que les colons ? Etaient-ils trop réfractaires aux exactions et aux vexations des agha, caïds et cadis ; et point assez souples à se plier sans récriminations à tout l'arbitraire d'une administration despotique et sans contrôle ? Pourquoi a-t-on fait semblant d'ignorer que l'abandon aux Arabes du sol domanial, au lieu d'être un acte de justice, en était au contraire le déni, puisqu'il consacrait l'ancienne spoliation à main armée des vrais propriétaires primitifs de ce sol ? Est-ce qu'il aurait été dangereux de conserver les institutions démocratiques des Djemmâs berbères, qui sont comme l'essence des instincts politiques de ce peuple, au même temps que le despotisme administratif resserrait de plus en plus les liens de tutelle des communes de colons? Certainement ces libertés étaient antipathiques à l'impérialisme et, peut-être est-ce pour cela que l'on sacrifiait le Kabyle à l'Arabe. Il a fallu les horreurs de la famine et les révélations de l'enquête pour faire cesser l'engouement pour l'Arabe. Je me souviens qu'alors étant à Paris et dans un entretien que j'eus avec M. Faré sur le problème algérien, ce fonctionnaire me déclarait qu'enfin la lumière était faite sur la valeur de la race arabe dont le dépérissement était irrémédiable et que le Kabyle allait, à son tour, devenir l'objet de toute la sollicitude du gouvernement : mais, quelques jours après, il n'y avait plus de chef des services civils en Algérie et M. Faré devenait directeur général des forêts.

Il appartiendrait à notre nouveau gouvernement de réparer cette longue injustice. La population berbère est en beaucoup de points trop dense et aurait besoin d'agrandissements de territoire, surtout en terrains à céréales. Mais, dit-on, la terre fait défaut aux colons : je le sais et je n'ai en vue ici que les terres les moins propres à la colonisation et les plus aptes à être utilisées par ces indigènes, soit par leur nature même, soit par leur situation. Du reste, le domaine de l'État est moins appauvri que l'on pourrait le croire et je puis indiquer un moyen de le reconstituer simplement et naturellement. La disette et le typhus ont fait disparaître non-seulement des tentes mais des douars entiers; les terres attribuées par le Sénatus-Consulte et celles réputées Melks qui pourraient revenir à ces familles éteintes, sont donc tombées en déshérence et font nécessairement de nouveau partie du domaine national. Pourquoi les services compétents n'ont-ils point procédé au récolement de toutes ces propriétés qui, désormais, ne doivent plus être détournées de leur attribution à la colonisation? et, si l'ancienne administration s'y est opposée, pourquoi la nouvelle ne l'ordonnerait-elle pas? Il est de son devoir d'accomplir cette revendication et alors on retrouvera des terres à donner ou mieux à vendre aux futurs colons et d'autres à céder aux Kabyles.

Cette mesure renforcera incontestablement l'élément berbère et nous imposera l'obligation d'assurer sa pacification par des dispositions sages et préventives. La première précaution et la plus essentielle, à mon avis, consisterait dans un désarmement sérieux de toutes les populations indigènes et dans l'interdiction de posséder à l'avenir une arme de guerre quelconque. Ce que l'on a fait pendant si longtemps pour les nationaux, ne le pourrait-on pas justement appliquer à un peuple que nous avons le droit et le devoir de tenir en tutelle, parce qu'il est barbare et qu'il nous est soumis? Il est incompréhensible que cette mesure n'ait pas été depuis longtemps appliquée ; serait-ce parce qu'elle aurait rendu désormais toute guerre indigène impossible? Au public de deviner.

Il serait non moins utile d'interdire toute réunion et association de Khouans, de surveiller effectivement les Zaouïas, où l'enseignement renforce l'antagonisme religieux et politique des races et développe le fanatisme ignorant. On ne saurait être trop sévère pour ce qui ne serait pas uniquement pratique du culte dans ces écoles, qui, trop souvent, se sont transformées en foyers de rébellion.

Il n'y aurait aucun inconvénient à laisser à la Djemmâ son organisation démocratique, si ses réunions étaient exclusivement publiques et si l'autorité française se réservait la police politique. L'impôt, réparti plus équitablement et suivant les errements de notre impôt foncier, devrait être perçu avec garantie absolue de toute exaction.

La loi civile française devrait être appliquée par des juges civils français, dans tout ce qu'elle a de plus compatible avec les mœurs, les croyances et les coutumes indigènes, et cela progressivement, sans violence, sans brusquerie, avec toutes les mesures d'une sage politique. Peut-être pourrait-on espérer de préparer ainsi pour la génération future une fusion d'intérêts équivalant presque à une assimilation, analogue à celle qui s'était produite entre les Romains et les ancêtres des Kabyles, autant du moins que le permettra le dogme islamique.

Par dessus tout il ne faut point oublier que ces Berbères sont les descendants des soldats de Jugurtha et de Tac-Farinas et que, pour arriver à la pacification définitive, les Romains avaient eu à organiser une forte occupation coloniale et militaire du pays. Faisons donc tous nos efforts pour attirer en Algérie une immigration sérieuse d'Européens et commençons par nous procurer les ressources en terres afin de pouvoir en mettre à la disposition des arrivants à titre de vente et non de concession, entravée de conditions restrictives et aléatoires. Il y a dans le Tell plus de 10 millions d'hectares; la densité de population de nos départements méditerranéens, les plus assimilables au Tell par leur orographie, leur climat, leur sol et leurs cultures, est partout supérieure à la proportion de 40 habitants par kilomètre carré. Les Pyrénées-Orientales en ont 42, le Var 45, l'Hérault 58, le Gard 63, la France entière 65, Vaucluse 72. Je ne pense pas estimer trop haut, mais au contraire comme un fort minimum, ce chiffre de 40 pour exprimer la densité possible de la population agricole du Tell, surtout quand on l'applique à une région pourvue de grandes plaines comme celles de la Tafna, du Chélif, de la Mitidja, de la Medjana, etc., qu'il serait plus convenable de comparer au département de Vaucluse. Il y a donc place largement pour 4 millions d'âmes. En admettant le chiffre de 1 million pour les populations berbères de sang pur ou mélangé, en supposant, en outre, qu'il puisse rester dans la région un demi-million d'arabes agriculteurs, ce qui est exagéré, on pourrait encore loger deux millions et demi de colons européens. En supposant même que la population immigrante n'atteigne que la moitié de ce chiffre, elle sera bien suffisante pour balancer l'élément indigène et le réduire à l'impuissance de rébellion sérieuse. Pour arriver à ce résultat, il n'y a qu'à vouloir le préparer sérieusement, opiniâtrement, habilement, suivant un plan bien mûri dans lequel on laissera une large part à l'initiative individuelle, ce qui est malheureusement trop antipathique aux habitudes autoritaires de nos gouvernants et administrateurs.

Cette situation que nous pouvons entrevoir dans les nuages de nos aspirations, n'est point encore prête à se réaliser et, en attendant, il faut se garantir par des procédés et des mesures appropriés aux circonstances présentes. Il y aurait en l'état actuel danger réel à développer l'esprit militaire de la race berbère, et il serait plus qu'imprudent de la soumettre à un recrutement régulier, comme le propose un projet de réorganisation de l'armée ; il est vrai qu'on ne l'appliquerait qu'aux indigènes naturalisés français et, qu'à ce point de vue, nous pouvons être tranquillisés pour longtemps par la répulsion unanime de ces indigènes pour la naturalisation. Les corps indigènes de tirailleurs, dits turcos, peuvent devenir déjà, à mon sens, un embarras sérieux, dans bien des circonstances. Tac-farinas et ses compagnons, sortis des légions, ont pu organiser une lutte opiniâtre de huit ans contre la domination romaine. Il est au moins inconséquent d'employer comme mercenaires des hommes qui constituent eux-mêmes le principal élément de révolte à combattre ; c'est par trop à la turque, pour que nous persistions dans ces errements ; et il n'est pas trop tôt de mettre un terme au régime des razzias, que cela perpétue au détriment de l'humanité et de la fortune publique.

Si nous évitons soigneusement d'élargir et surtout d'élever les cadres indigènes de nos régiments de turcos, si nous conservons religieusement à l'élément français de ces cadres la prédominance en autorité, nous pouvons encore les conserver sans trop de danger, en continuant à les recruter par enrôlements volontaires. L'élément Kabyle y dominera ; mais il y sera mêlé de beaucoup d'arabes, de maures et de nègres même échappés à l'esclavage ou fuyant la domesticité, et cela suffira peut-être à empêcher le développement exagéré de l'esprit de race dans ces corps. L'emploi le plus rationnel de ces forces indigènes devrait être à assurer la domination et la pacification du Sahara, en les mettant en présence des populations nomades, leurs ennemis séculaires. Ils devraient être destinés exclusivement à renforcer les garnisons européennes des postes créés ou à créer aux frontières du Tell et des Steppes pour garder tous les passages par où les hordes arabes pourraient se précipiter sur le Tell et pour commander les marchés où forcément s'opèrent toutes les transactions entre Sahariens et Telliens. A eux aussi devrait incomber exclusivement l'occupation sérieuse de toute la zone des Ksours, magasins des nomades, et celle des principales stations fixes du Sahara. Ils y serviraient d'appui à ce Maghzen à Mehari, indispensable à créer pour faire la police des pasteurs et pour les protéger contre la piraterie des tribus étrangères à notre territoire : Ouraına, Touareg, Zegdous, etc. Lorsque nous tiendrons ainsi dans nos mains toutes les ressources et tous les biens même des tribus sahariennes, nous pourrons assurer leur soumission et ne plus rien craindre de ce côté pour la tranquille possession de la région agricole.

Ici le problème consistera à combattre toute tendance à l'isolement absolu de la race Kabyle ; il suffira même d'abandonner ce soin à l'initiative individuelle des colons et de la favoriser même, au contraire de tout ce qui a été fait jusqu'à ce jour, comme exprès pour perpétuer l'antagonisme. Mais, en même temps, il sera politique de maintenir, d'augmenter même au besoin l'isolement actuel des grands groupements entr'eux ; cela perpétuera sans doute un peu les rivalités : mais il en résultera une double entrave à toute tentative de fédération ou d'unification qui ne s'opéreraient certainement qu'à notre grand détriment. Pour cela il est urgent d'occuper les intervalles des grands massifs, collines et vallées, par une forte installation coloniale, coordonnée au réseau général en vue de communications multiples. Dans les massifs eux-mêmes il deviendra nécessaire de créer un plus grand nombre de centres européens, agricoles ou industriels, partout où il y aura intérêt à occuper de fortes positions militaires, en même temps qu'à fractionner de trop puissantes agglomérations ou à annihiler des éléments persistants de résistance par l'interposition de notre action directe.

Si en ce moment cette question avait été mûrie et étudiée dans ses détails d'application, on se trouverait en mesure de déplacer en bloc plusieurs tribus gênantes, et cela comme châtiment des insurrections, des ruines et des crimes commis, pour les installer dans des territoires plus ou moins éloignés, susceptibles d'être accomodés aux habitudes agricoles de la race. Ces territoires existant, il n'y aurait que l'embarras du choix. Je suis du reste convaincu qu'en dehors des événements malheureux, qui justifieraient suffisamment ces mesures autoritaires et répressives, une politique habile arriverait à produire aussi sans froissements et spontanément des migrations nombreuses et successives sous l'appât de compensations avantageuses.

Pour instaurer une politique nouvelle, il faut des hommes nouveaux. Assez longtemps on a chargé d'organiser et d'administrer un grand pays des hommes que leur métier et leur instruction spéciale ont rendus aptes à détruire et à désorganiser. Pour administrer ayons des fonctionnaires civils, pour faire respecter le droit public et privé des magistrats civils ; au contraire la force et l'autorité militaire pour la répression de la révolte, mais uniquement pour cela, et nous obtiendrons ainsi un fonctionnement rationnel. Si la contamination de l'Islamisme et l'antagonisme de dogme n'y sont pas un obstacle irrémédiable, nous pourrons arriver successivement, par ce système, à la civilisation, peut-être à la fusion de la race berbère dans les populations européennes.

La France algérienne pourra alors payer les sacrifices de la Mère-Patrie par un accroissement considérable de puissance et de richesse.

3° Du Maure ou Hadri

Je me conforme à l'usage en désignant les populations indigènes des villes sous le nom de *Maures*, tiré de Mauritanie, Maurusie et peut-être même de Mogheb (Magrab), devenu pour l'Arabe synonyme de couchant. Les autres indigènes les désignent sous le nom de *Hadri*, ou *Citadins*, qui pour eux est presque une expression de mépris. Leur importance au point de vue de l'occupation et de la colonisation française est bien faible et j'aurais pu les passer sous silence, si le titre de cet opuscule ne m'obligeait à en esquisser rapidement le caractère et les aptitudes. Elles n'ont presque entr'elles de commun que la pratique de l'Islamisme ; leur origine variée ne peut donner lieu qu'à des suppositions, et elles semblent résulter d'un mélange ou plutôt d'un résidu de races très complexes. Il y a sans doute du Berbère des plus anciennes cités, du Romain, du Vandale peut-être, de l'Arabe, de l'Andalous et du Grenadin retour d'Espagne, du rénégat européen, puis enfin du Turc. Le sang de ce dernier s'est le plus largement répandu par les unions des femmes indigènes avec les janissaires et leur descendance, sous le nom particulier de *Koulouglis*, domine en bien des villes et même en certains villages, qui étaient pour les Beys comme des lieux de déportation.

Passionnément oisifs, fainéants, joueurs, intolérants, polygames quand leurs moyens le permettent, n'achetant pas cependant leurs femmes, qui sont sévèrement cloîtrées et, esclaves de leur seigneur, ne mangent jamais en sa présence ; orgueilleux et infatués d'eux mêmes et considérant comme un déshonneur d'abandonner le costume oriental : ces gens-là vivent côte à côte avec l'Européen, sans répulsion bien accusée, mais sans se mêler à eux, sans tendance à modifier leurs mœurs à ce contact, si ce n'est pour se livrer parfois à l'abus des liqueurs les plus fortes, se corrigeant, puis rechutant et finissant toujours par redevenir sévères musulmans. Quelques uns sont riches, un certain nombre dans l'aisance ; mais la plupart, obligés de se livrer pour vivre à un travail quelconque, vivent au jour le jour, aussi médiocrement qu'ils peuvent et consomment leurs gains à mesure, sans aucune prévoyance pour le lendemain. Ceux qui se disent de bonne maison et talebs, constituent la pépinière principale des Cadis et l'on sait tout ce qui se dit de la vénalité de ces magistrats; d'autres, illétrés, entrent au service des bureaux arabes, ou s'y font attacher comme spahis, pour aspirer au Kaïdat et même à l'Aghalik. Le menu peuple encombre les administrations publiques et particulières du personnel domestique des chaouchs, garçons de bureau, interprètes, etc., toutes fonctions qui les honorent surtout quand elles sont pour le service du Beylik. Le plus bas peuple envoie ses enfants au coin de nos carrefours faire, comme on dit pittoresquement, des Ouled plaça, des cirer monsieur ? porter madame ? plus tard maquignons, commissionnaires, facteurs de messagerie, portefaix ou bien ouvriers des ports, ils se livreront à des travaux plus ou moins rudes. D'autres sont ouvriers, tailleurs, selliers, passementiers, armuriers, teinturiers, puis enfin pêcheurs, jardiniers, etc., suivant les habitudes et l'industrie locales, mais presque jamais agriculteurs.

Les Maures n'ont jusqu'à présent constitué aucun obstacle, aucun embarras à l'occupation française ; destinés à être dominés soit par les Arabes, soit par les Berbères, ils ont encore préféré se soumettre aux Français et, presque dès le début de la conquête, ils ont toujours été disposés à concourir à la défense de nos cités assiégées ou menaçées par les révoltés : on les a vus même seuls tenter la lutte contre Abd-el-Kader. Presque tous aujourd'hui soumis au régime civil et à l'abri des exactions des kaïds et des cadis, ils s'estiment plus heureux que les gens des tentes, et je ne pense pas qu'ils aient aucune tendance à se mêler aux tentatives de rébellion des autres peuples indigènes. On fera bien, du reste, de ne les point organiser en milice armée ; ils sont trop inconstants et à idées trop mobiles pour qu'on puisse se fier entièrement à leur fidélité.

L'état civil, régulièrement tenu depuis longtemps dans nos villes pour la population indigène, constate un dépérissement continu et un excès tel des décès sur les naissances que l'extinction menace d'en être plus ou moins prochaine ; et il ne semble pas qu'il y ait de remède efficace à y porter, parce que toutes les réformes nécessaires pour cela répugnent instinctivement à ces musulmans, dont le niveau intellectuel semble impossible à relever. Notre devoir cependant est de tenter de nouveaux efforts dans cette voie par des établissements hospitaliers, des écoles primaires, des salles d'apprentissage, des écoles professionnelles et enfin toute institution capable de produire quelque bien dans ce sens.

4° Du Juif

C'est ici le plus délicat de mon exposition, et je dois avouer que la naturalisation en bloc des Juifs indigènes a failli me servir de prétexte pour ne point les y comprendre. Cependant le caprice d'un décret ne peut faire qu'il n'y ait plus réellement d'indigène de cette catégorie et, pour le dépeindre, je vais prendre un Juif d'Ouchda, si l'on veut : ce ne sera pas long, un simple coup de brosse sur ma toile.

Menteur, dissimulé, fourbe, sordide, crasseux, prenant plaisir à maculer les vêtements d'autrui, toujours inquiet, superstitieux, hypocrite, quelque peu payen dans ses pratiques et du reste adorant toujours le veau d'or, dégradé et avili sous l'intolérance musulmane, méprisé par les indigènes au point que la femme dédaigne de se voiler en sa présence comme à l'abri d'un contact impossible, bassement et humblement soumis à toutes les avanies les plus humiliantes pourvu qu'il puisse espérer un lucre dans son commerce interlope, capable de toute abjection en échange d'or, souvent volé, brutalement rançonné, mais sans doute prompt à se récupérer par l'exploitation de la simplicité et de l'ignorance des indigènes, puisqu'il ne se rebute pas.

Ainsi nous avons trouvé les Juifs à la conquête de l'Algérie et pour beaucoup d'eux il n'y a presque rien de changé encore, sinon qu'ils sont sortis d'une situation politique intolérable pour toute autre race. Leur affranchissement a été plus que gratuit ; car le seul impôt régulier qui leur fut imposé, la capitation, a été supprimé et ils ont continué à exploiter plus à l'aise leurs anciens clients payant impôt. Spéculant sur les vices de l'état social de l'Arabe et sur son incapacité de garanties hypothécaires, abusant en outre de la législation spéciale sur le taux de l'intérêt, ils les ruinent légalement par les prêts les plus fabuleusement usuraires qu'il soit possible d'imaginer, et cela sans revanche possible, comme par le passé, pour le dupé. Aussi peut-on dire qu'ils sont la seconde plaie et la plus rongeuse de ces malheureux Arabes ; comme des vautours sur les cadavres, les frères de la Tunisie et du Maroc sont accourus prendre leur part à la curée et, pendant la famine, toute la bijouterie indigène est venue à vil prix se fondre dans leurs creusets pour être en lingots versée sur le marché européen.

C'est à de tels vampires, ignorant absolument nos mœurs, notre esprit national et politique, nos idées sur le droit naturel, sur le dévouement à la patrie qu'ils vendraient sans scrupule, n'ayant en aucune manière encore participé aux charges de la nation, étrangers enfin à tout cet ensemble de travaux, d'efforts, de malheurs et de sacrifices des générations successives qui font le patrimoine et l'honneur d'un peuple, c'est à de tels parasites que l'on a prostitué le titre et les prérogatives de citoyens français. Je le comprends pour les Européens qui viennent ici partager nos sueurs dans les travaux de colonisation, mais c'est incompréhensible pour ceux qui exploitent ces sueurs et leurs misères et sont incapables de travail productif.

Qu'à ceux qui ont fait des efforts honorables pour sortir de l'abjection et s'élever à notre niveau, l'on concède, sur demande, la naturalisation, ce n'est que justice ; mais à des gens qui font argent de tout, il n'est point nécessaire de faire ce cadeau et l'on devrait le leur taxer à sa valeur, c'est-à-dire très-haut, pour compenser les charges antérieures des nationaux. Pour les autres Juifs, ils ne nous paraissent pas plus intéressants et même moins que les Arabes et les Berbères ; ce ne sont, comme eux, que des sujets algériens que nous *devons* gouverner jusqu'à leur émancipation rationnelle.

J'espère, dans un travail prochain, pouvoir traiter de la colonisation européenne, de ses aspirations, de ses besoins et de son droit de s'administrer par ses conseils élus et de s'immiscer dans l'administration des populations indigènes, dont le bien-être l'intéresse directement.

www.ingramcontent.com/pod-product-compliance
Ingram Content Group UK Ltd.
Pitfield, Milton Keynes, MK11 3LW, UK
UKHW031937260826
14628UKWH00004B/1688

9 782019 675530